COLEÇÃO A OBRA-PRIMA DE CADA AUTOR

SONETOS

Luís de Camões

Texto integral

4ª edição

MARTIN CLARET

DIREÇÃO Martin Claret
PRODUÇÃO EDITORIAL Carolina Marani Lima
Flávia P. Silva
DIAGRAMAÇÃO Giovana Gatti Leonardo
DIREÇÃO DE ARTE E CAPA José Duarte T. de Castro
CAPA Sundra / Shutterstock
REVISÃO Márcio Guimarães
Eliana Maria A. Martins
Maria Regina Machado
IMPRESSÃO E ACABAMENTO Renovagraf

Este livro segue o novo Acordo Ortográfico da Língua Portuguesa.

Dados Internacionais de Catalogação na Publicação (CIP)
(Câmara Brasileira do Livro, SP, Brasil)

Camões, Luís de, 1524 -1580.
Sonetos / Luís de Camões. — 4. ed. — São Paulo: Martin Claret, 2013. — (Coleção a obra-prima de cada autor; 16)

"Texto integral"
ISBN 978-85-7232-925-5

1. Camões, Luís de, 1524? - 1580 — Crítica e interpretação 2. Poesia lírica 3. Sonetos portugueses I. Título. II. Série.

12-00420 CDD-869.1042

Índices para catálogo sistemático:

1. Sonetos Camonianos: Poesia lírica: Literatura portuguesa 869. 1042

EDITORA MARTIN CLARET LTDA.
Rua Alegrete, 62 – Bairro Sumaré
01254-010 – São Paulo, SP
Tel.: (11) 3672-8144
www.martinclaret.com.br
3ª reimpressão – 2017

Sumário

Sonetos

Apêndice

Prefácio

A moderna canção de Camões

Jean Pierre Chauvin[1]

Esta edição traz alguns dentre os melhores sonetos de Luís Vaz de Camões (1524 – 1580). Trata-se de obra duplamente oportuna, tanto pela inegável qualidade estética dos versos, quanto pelo presente resgate histórico. A julgar por seus biógrafos, é provável que muitos dentre os poemas tenham sido escritos quando o autor, ainda soldado das forças portuguesas, cumpria seu exílio forçado em Moçambique, África, na década de 1550.

Considerado o maior poeta português de todos os tempos, Camões morreu em plena miséria material, após servir fielmente as forças de seu país durante boa parte de sua vida. O falecimento do autor coincide com o ano (1580) em que Portugal passou para o domínio do reino da Espanha e a vigência do chamado "Siglo del Oro". Por essa razão, diversos estudiosos de sua obra veem sua poesia também como um registro fidedigno de transição: a passagem do mundo medieval para a Era Moderna, especialmente devido ao teor predominantemente reflexivo e questionador de seus versos:

"Na sua poesia, vivência e arte a um tempo, estão moldados para sempre os pensamentos, sonhos, alegrias e tristezas, ideias e sentimentos não só de um homem inteiriço mas, em grande medida, do Homem da Renascença" (LUFT, 1979, p. 74).

Esteja claro que os seus versos não brotaram por obra apenas de sua genialidade. O fato é que ele não só reproduzia

[1] Doutor em Teoria Literária e Literatura Comparada (USP). É membro da União Brasileira de Escritores. Autor de *O Alienista: a teoria dos contrastes em Machado de Assis* (2005), entre outros.

o estilo clássico dos escritores greco-latinos da Antiguidade — Homero, Horácio, Virgílio; também deu continuidade aos temas líricos e humanistas do poeta medieval italiano Francesco Petrarca (1304 - 1374), reconhecido como uma de suas principais referências culturais e filosóficas.

A esse respeito, Massaud Moisés (1983, p. 72) notou que alguns poemas de Camões eram releituras de Petrarca. Eis um exemplo bastante conhecido: "Sete anos de pastor Jacó servia / Labão, pai de Raquel, serrana bela; / Mas não servia ao pai, servia a ela" — "*Per Rachel ho servito e non per Lia*" (no original, em Italiano). Deste modo, talvez seja mais produtivo considerar o poeta português como um herdeiro da longa tradição clássica, nascida entre os gregos da Antiguidade, em lugar de atribuir a ele a denominação de "original". Isso porque, como hoje se sabe, o conceito de autoria, como entidade ficcional e inaugural, nasceu somente ao final do século XVIII, na vigência do Romantismo e a constituição da burguesia europeia (HANSEN, 1992).

Em Camões, o componente estético é inegável. Obra para se ler e reler, a produção mais conhecida do poeta lusitano está em suas redondilhas (breves poemas com temas variados, em que cada verso tinha cinco ou sete sílabas métricas); nos sonetos (todos com dez sílabas métricas) e na poesia épica (*Os Lusíadas*, 1572, com seus dez cantos e mais de mil versos).

Uma palavra sobre o gênero de que trata esta coletânea. Originário da Itália, por obra de Jiácopo da Lentini, no século XIII, o *soneto* era um poema de forma fixa. A sua composição obedecia ao rigor da norma, mediante algumas regras de estrutura e temática. Como forma poética, continha quatro estrofes: as duas primeiras, com quatro versos; as duas últimas, com três. Além disso, a métrica era regular (a quantidade de sílabas era idêntica, em todos os versos) e as rimas, ricas (combinavam-se palavras de classes gramaticais diferentes e sons semelhantes).

Logo, o soneto se relacionava, em parte, com a tradição medieval das cantigas palacianas, mas, naquele momento, sob novo aspecto e intenção. Na passagem para o século XVI, os versos ressaltavam o conteúdo, embalado pelo ritmo e a musicalidade. Daí o significado original de *soneto,* na língua italiana: *pequeno som*.

Particularmente, o soneto camoniano era caracterizado pelo forte lirismo no conteúdo, combinado a um racionalismo e perfeição técnica na forma. O poeta resgatava o conceito de amor idealizado. Por isso, foi considerado um poeta *platônico*. O termo, atribuído ao filósofo Platão (428 a 348 a.C.), vincula-se à concepção do mundo em dois planos: o sensível (ou material, palpável, concreto) e o ideal (transcendental, inteligível). A chamada "teoria das ideias" aparece em *Fédon*: diálogo de que teriam participado diversos pensadores de sua época, por ocasião da morte de Sócrates.

Fiel à teoria do pensador grego, Camões procurou vincular a imagem da mulher idealizada ao apuro estético, em seus poemas de conteúdo amoroso. Além do amor, havia diversos temas empregados pelo poeta: o *desconcerto do mundo*; a *inconstância das coisas*; a *contradição entre os valores morais e os castigos injustos*; os *limites entre a razão e a sensibilidade*. Nesse sentido, caberia lembrar um dos paradoxos platônicos: "Que coisa esquisita parece, senhores, isso a que os homens chamam prazer! Notável sua relação com o considerado seu contrário, a dor." (PLATÃO, *Fédon*, p. 139)

Ora, embora Camões tenha imitado o estilo e os temas propostos por Petrarca, "não deixou fora da poesia outros aspectos do amor, inclusive o carnal" (SARAIVA, 1974, pp. 79-90). Não por acaso, a biografia do poeta português se confunde com o Classicismo, que corresponde ao período de transição entre a Idade Média e a Era Moderna. Em Portugal, o movimento nasceu em 1527, quanto o poeta lusitano Francisco de Sá de Miranda (1481-1556), doutor em leis e profundo conhecedor de gramática e retórica, regressou de um longo período de viagens à Itália.

Em decorrência do convívio com diversos escritores e pensadores italianos, entre 1521 e 1526, Sá de Miranda retornou a Portugal trazendo uma nova orientação estética, especialmente a *medida nova*. Em lugar de sete sílabas métricas, o soneto passaria a ter dez sílabas métricas em cada um dos seus catorze versos.

Do ponto de vista artístico, o Classicismo defendia um estilo com notável preocupação formal. Estreitamente ligado ao Renascimento italiano, o movimento integrou a notável renovação cultural, artística e científica na Europa. O termo *Classicismo* estava naturalmente vinculado à palavra "clássico", que poderia ser interpretada de diversas formas, naquele momento histórico. De modo geral, o conceito era aplicado a Autor ou Obra de arte considerada superior, por reproduzir modelos greco-latinos da Antiguidade, considerados exemplares. "O efeito são textos construídos com a destreza de um artesão, que soube moldar a linguagem às necessidades do tema e à vontade das palavras algo belo." (TORRALVO; MINCHILLO, 1998, p. 16)

Afirma-se, hoje, que o artista clássico fazia uma leitura mais humanista do mundo. Isso revelava seu rompimento com diversos valores medievais, ditados pelo teocentrismo, quando Deus era percebido como centro e principal causa do universo. É também nesse contexto que os *Sonetos* merecem ser lidos. Como se vê, a leitura de Camões implica o resgate histórico, a qualidade estética e a abrangência universal dos temas, tratados sob a aparente candura dos versos. Passemos à leitura.

Sonetos

SONETOS*

1

Enquanto quis Fortuna que tivesse
esperança de algum contentamento,
o gosto de um suave pensamento
me fez que seus efeitos escrevesse.

Porém, temendo Amor que aviso desse
minha escritura a algum juízo isento,
escureceu-me o engenho com tormento,
para que seus enganos não dissesse.

Ó vós que Amor obriga a ser sujeitos
a diversas vontades! Quando lerdes
num breve livro casos tão diversos,

verdades puras são e não defeitos...
E sabei que, segundo o amor tiverdes,
tereis o entendimento de meus versos.

---

* As notas são do editor.

2

Eu cantarei de amor tão docemente,
por uns termos em si tão concertados,[1]
que dous mil acidentes namorados
faça sentir ao peito que não sente.

Farei que amor a todos avivente,
pintando mil segredos delicados,
brandas iras, suspiros magoados,
temerosa ousadia e pena ausente.

Também, Senhora, do desprezo honesto[2]
de vossa vista branda e rigorosa,
contentar-me hei dizendo a menor parte.

Porém, para cantar de vosso gesto[3]
a composição alta e milagrosa,
aqui falta saber, engenho e arte.

---

[1] Harmoniosos.

[2] Puro, castro.

[3] Face, semblante.

3

Busque Amor novas artes, novo engenho,
para matar-me, e novas esquivanças;
que não pode tirar-me as esperanças,
que mal me tirará o que eu não tenho.

Olhai de que esperanças me mantenho!
Vede que perigosas seguranças!
Que não temo contrastes nem mudanças,
andando em bravo mar, perdido o lenho.

Mas, conquanto não pode haver desgosto
onde esperança falta, lá me esconde
Amor um mal, que mata e não se vê.

Que dias há que n'alma me tem posto
um não sei quê, que nasce não sei onde,
vem não sei como, e dói não sei por quê.

4

Tanto de meu estado me acho incerto,
que em vivo ardor tremendo estou de frio;
sem causa, juntamente choro e rio,
o mundo todo abarco e nada aperto.

É tudo quanto sinto um desconcerto;
da alma um fogo me sai, da vista um rio;
agora espero, agora desconfio,
agora desvario, agora acerto.

Estando em terra, chego ao Céu voando,
numa hora acho mil anos, e é de jeito
que em mil anos não posso achar uma hora.

Se me pergunta alguém porque assim ando,
respondo que não sei; porém suspeito
que só porque vos vi, minha Senhora.

5

Amor é fogo que arde sem se ver;
é ferida que dói e não se sente;
é um contentamento descontente;
é dor que desatina sem doer.

É um não querer mais que bem querer;
é um andar solitário entre a gente;
é nunca contentar-se de contente;
é um cuidar que ganha em se perder.

É querer estar preso por vontade;
é servir a quem vence, o vencedor;
é ter com quem nos mata, lealdade.

Mas como causar pode seu favor
nos corações humanos amizade
se tão contrário a si é o mesmo Amor?

6

Doces águas e claras do Mondego,
doce repouso de minha lembrança,
onde a comprida e pérfida esperança
longo tempo após si me trouxe, cego;

de vós me aparto; sim, porém, não nego
que ainda a memória longa, que me alcança,
me não deixa de vós fazer mudança,
mas quanto mais me alongo, mais me achego.

Bem pudera Fortuna este instrumento
d'alma levar por terra nova e estranha,
oferecido[4] ao mar remoto, ao vento;

mas alma, que de cá vos acompanha,
nas asas do ligeiro pensamento,
para vós, águas, voa, e em vós se banha.

---

[4] Na edição de 1616 consta "offerecida.".

7

O fogo que na branda cera ardia,
vendo o rosto gentil que eu na alma vejo,
se acendeu de outro fogo do desejo,
por alcançar a luz que vence o dia.

Como de dous ardores se encendia,
da grande impaciência fez despejo,
e remetendo com furor sobejo
vos foi beijar na parte onde se via.

Ditosa aquela flama, que se atreve
[a] apagar seus ardores e tormentos
na vista de que o mundo tremer deve.

Namoram-se, Senhora, os Elementos
de vós, e queima o fogo aquela neve
que queima corações e pensamentos.

8

Pede-me o desejo, Dama, que vos veja,
não entende o que pede; está enganado.
É este amor tão fino e tão delgado,
que quem o tem não sabe o que deseja.

Não há cousa a qual natural seja
que não queira perpétuo seu estado;
não quer logo o desejo o desejado,
porque não falte nunca onde sobeja.

Mas este puro afeito em mim se dana;
que, como a grave pedra tem por arte
o centro desejar da natureza,

assim o pensamento (pela parte
que vai tomar de mim, terrestre [e] humana)
foi, Senhora, pedir esta baixeza.

9

Quando da bela vista e doce riso
tomando estão meus olhos mantimento,
tão enlevado sinto o pensamento
que me faz ver na terra o Paraíso.

Tanto do bem humano estou diviso,[5]
que qualquer outro bem julgo por vento;
assim, que em caso tal, segundo sento,
assaz de pouco faz quem perde o siso.

Em vos louvar, Senhora, não me fundo,
porque quem vossas cousas claro sente,
sentirá que não pode merecê-las.[6]

Que de tanta estranheza sois ao mundo,
que não é de estranhar, Dama excelente,
que quem vos fez, fizesse Céu e estrelas.

---

[5] Dividido, separado.

[6] Na edição de 1598 consta "conhecê-las".

10

Quem pode livre ser, gentil Senhora,
vendo-vos com juízo sossegado,
se o Menino[7] que de olhos é privado,
nas meninas dos vossos olhos mora?

Ali manda, ali reina, ali namora,
ali vive das gentes venerado;
que o vivo lume e o rosto delicado,
imagens são, nas quais o Amor se adora.

Quem vê que em branca neve nascem rosas
que fios crespos de ouro vão cercando,
se por entre esta luz a vista passa,

raios de ouro verá, que as duvidosas
almas estão no peito traspassando,
assim como um cristal o Sol traspassa.

---

[7] Cupido.

11

Tomou-me vossa vista soberana
adonde tinha armas mais à mão,
por mostrar que quem busca defensão
contra esses belos olhos, que se engana.

Por ficar da vitória mais ufana,
deixou-me armar primeiro da razão.
cuidei de me salvar, mas foi em vão,
que contra o Céu não vai defensa humana.

Mas porém, se vos tinha prometido
o vosso alto destino esta vitória,
ser-vos tudo bem pouco está sabido.

Que, posto que estivesse apercebido,
não levais de vencer-me grande glória:
maior a levo eu de ser vencido.

12

Vossos olhos, Senhora, que competem,
com o Sol em fermosura e claridade,
enchem os meus de tal suavidade
que em lágrimas, de vê-los, se derretem.

Meus sentidos vencidos se submetem
assim cegos a tanta divindade;
e da triste prisão, da escuridade,
cheios de medo, por fugir remetem.

Mas se nisto me vedes por acerto,
o áspero desprezo com que olhais
torna a espertar a alma enfraquecida.

Ó gentil cura e estranho desconcerto!
Que fará o favor que vós não dais,
quando o vosso desprezo torna a vida?

13

Alegres campos, verdes arvoredos,
claras e frescas águas de cristal,
que em vós os debuxais ao natural,
discorrendo da altura dos rochedos;

silvestres montes, ásperos penedos,
compostos de concerto desigual,
sabei que, sem licença de meu mal,
já não podeis fazer meus olhos ledos.

E, pois me já não vedes como vistes,
não me alegrem verduras deleitosas,
nem águas que correndo alegres vêm.

Semearei em vós lembranças tristes,
regando-vos com lágrimas saudosas,
e nascerão saudades de meu bem.

14

Está o lascivo,[8] e doce passarinho
com o biquinho as penas ordenando;
o verso sem medida, alegre e brando,
espedindo no rústico raminho;

o cruel caçador, (que do caminho
se vem calado e manso desviando),
na pronta vista a seta endireitando,
lhe dá no Estígio lago eterno ninho.

Dest'arte o coração, que livre andava,
(posto que já de longe destinado)
onde menos temia foi ferido.

Porque o Frecheiro[9] cego me esperava,
para que me tomasse descuidado,
em vossos claros olhos escondido.

---

[8] Mesmo que saltitante.

[9] Referência ao Cupido.

15

Lembranças saudosas, se cuidais
de me acabar a vida neste estado,
não vivo com meu mal tão enganado,
que não espere dele muito mais.

De muito longe já me costumais
a viver de algum bem desesperado;
já tenho co' a Fortuna concertado[10]
de sofrer os trabalhos que me dais.

Atado ao remo tenho a paciência,
para quantos desgostos der a vida,
cuide em quanto quiser o pensamento;

que, pois não há i outra resistência
para tão certa queda da caída,[11]
aparar-lhe hei debaixo o sofrimento.

---

[10] Acordado, combinado.

[11] Na edição de 1598 consta "de subida".

16

Se as penas com que Amor tão mal me trata
quiser que tanto tempo viva delas
que veja escuro o lume das estrelas
em cuja vista o meu se acende e mata;

e, se o tempo, que tudo desbarata,
secar as frescas rosas sem colhê-las,
mostrando a linda cor das tranças belas
mudada de ouro fino em bela prata;

vereis, Senhora, então também mudado
o pensamento e aspereza vossa,
quando não sirva já sua mudança.

Suspirareis então pelo passado,
em tempo quando executar-se possa
em vosso arrepender minha vingança.

17

Quem vê, Senhora, claro e manifesto
o lindo ser de vossos olhos belos,
se não perder a vista só em vê-los,
já não paga o que deve a vosso gesto.

Este me parecia preço honesto;
mas eu, por de vantagem merecê-los,
dei mais a vida e alma por querê-los,
donde já me não fica mais de resto.

Assim que a vida e alma e esperança
e tudo quanto tenho, tudo é vosso,
e o proveito disso eu só o levo.

Porque é tamanha bem-aventurança
o dar-vos quanto tenho e quanto posso
que, quanto mais vos pago, mais vos devo.

18

Quando o Sol encoberto vai mostrando
ao mundo a luz quieta e duvidosa,
ao longo de uma praia deleitosa,
vou na minha inimiga imaginando.

Aqui a vi, os cabelos concertando;
ali, com a mão na face tão formosa;
aqui, falando alegre, ali cuidosa;
agora estando queda, agora andando.

Aqui esteve sentada, ali me viu,
erguendo aqueles olhos tão isentos,[12]
aqui movida um pouco, ali segura;

aqui se entristeceu, ali se riu;
enfim, nestes cansados pensamentos
passo esta vida vã, que sempre dura.

---

[12] Com sentido de "indiferentes".

19

Tempo é já que minha confiança
se desça de uma falsa opinião;
mas Amor não se rege por razão;
não posso perder, logo, a esperança.

A vida, sim; que ua áspera mudança
não deixa viver tanto um coração.
E eu na morte tenho a salvação?
Sim, mas quem a deseja não a alcança.

Forçado é logo que eu espere e viva.
Ah! dura lei de Amor, que não consente
quietação nua alma que é cativa!

Se hei de viver, enfim, forçadamente,
para que quero a glória fugitiva
de uma esperança vã que me atormente?

20

Transforma-se o amador na cousa amada,
por virtude do muito imaginar;
não tenho, logo, mais que desejar,
pois em mim tenho a parte desejada.

Se nela está minha alma transformada,
que mais deseja o corpo de alcançar?
Em si somente pode descansar,
pois consigo tal alma está liada.

Mas esta linda e pura semideia,
que, como um acidente em seu sujeito,
assim com a alma minha se conforma,

está no pensamento como ideia;
[e] o vivo e puro amor de que sou feito,
como a matéria simples busca a forma.

21

Passo por meus trabalhos tão isento
de sentimento grande nem pequeno,
que só pela vontade com que peno
me fica Amor devendo mais tormento.

Mas vai-me Amor matando tanto a tento,
temperando a triaga com veneno,
que do penar a ordem desordeno,
porque não mo consente o sofrimento.

Porém, se esta fineza o Amor não sente,
e pagar-me meu mal com mal pretende;
torna-me com prazer como ao Sol neve.

Mas se me vê co' males tão contente,
faz-se avaro da pena, porque entende
que quanto mais me paga, mais me deve.

22

Num jardim adornado de verdura,
a que esmaltam por cima várias flores,
entrou um dia a deusa dos amores,
com a deusa da caça e da espessura.

Diana tomou logo uma rosa pura,
Vênus um roxo lírio, dos melhores;
mas excediam muito às outras flores
as violas,[13] na graça e formosura.

Perguntam a Cupido, que ali estava,
qual daquelas três flores tomaria,
por mais suave, pura e mais formosa?

Sorrindo-se, o Menino lhe tornava:
todas formosas são, mas eu queria
viol'antes que lírio, nem que rosa.

[13] Mesmo que violetas.

23

Lindo e sutil trançado,[14] que ficaste
em penhor do remédio que mereço,
se só contigo, vendo-te, endoideço,
que fora cos cabelos que apertaste?

Aquelas tranças de ouro que ligaste,
que os raios do Sol têm em pouco preço,
não sei se para engano do que peço
se para me atar os desataste.

Lindo trançado, em minhas mãos te vejo,
e por satisfação de minhas dores
como quem não tem outra, hei de tomar-te.

E se não for contente meu desejo,
dir-lhe hei que, nesta regra dos amores,
pelo todo também se toma a parte.

---

[14] Fita usada para fazer tranças no cabelo.

24

Está-se a Primavera trasladando
em vossa vista deleitosa e honesta
nas lindas faces, olhos, boca e testa,
boninas, lírios, rosas debuxando.

De sorte, vosso gesto matizando,
Natura quanto pode manifesta,
que o monte, o campo, o rio e a floresta
se estão de vós, Senhora, namorando.

Se agora não quereis que quem vos ama
possa colher o fruto destas flores,
perderão toda a graça vossos olhos.

Porque pouco aproveita, linda Dama,
que semeasse Amor[15] em vós amores,
se vossa condição produz abrolhos.

---

[15] "Amor", referente à forma abstrata.
"Amores", referente à forma concreta.

25

Oh! como se me alonga, de ano em ano,
a peregrinação cansada minha!
Como se encurta, e como ao fim caminha
este meu breve e vão discurso humano!

Vai-se gastando a idade e cresce o dano;
perde-se-me um remédio que ainda tinha;
se por experiência se adivinha,
qualquer grande esperança é grande engano.

Corro após este bem que não se alcança;
no meio do caminho me falece;
mil vezes caio e perco a confiança.

Quando ele foge, eu tardo; e, na tardança,
se os olhos ergo a ver se ainda parece,
da vista se me perde e da esperança.

26

Grão tempo há já que soube da Ventura
a vida que me tinha destinada,
que a longa experiência da passada
me dava claro indício da futura.

Amor fero, cruel, Fortuna dura,[16]
bem tendes vossa força experimentada:
assolai, destruí, não fique nada;
vingai-vos desta vida, que ainda dura.

Soube Amor da Ventura, que a não tinha,
e, por que mais sentisse a falta dela,
de imagens impossíveis me mantinha.

Mas vós, Senhora, pois que minha estrela
não foi melhor, vivei nesta alma minha,
que não tem a Fortuna poder nela.

---

[16] Na edição de 1598 consta "escura".

27

Por que quereis, Senhora, que ofereça
a vida a tanto mal como padeço?
Se vos nasce do pouco que mereço,
bem por nascer está quem vos mereça.

Sabei que, enfim, por muito que vos peça,
que posso merecer quanto vos peço;
que não consente Amor que em baixo preço
tão alto pensamento se conheça.

Assi que a paga igual de minhas dores,
com nada se restaura, mas deveis-ma,
por ser capaz de tantos desfavores.

E se o valor de vossos servidores
houver de ser igual convosco mesma,
vós só convosco mesma andai de amores.

28

Quando vejo que meu destino ordena
que por me experimentar de vós me aparte,
deixando de meu bem tão grande parte
que a mesma culpa fica grave pena;

o duro desfavor que me condena,
quando pela memória se reparte,
endurece os sentidos de tal arte
que a dor da ausência fica mais pequena.

Pois como pode ser que na mudança
daquilo que mais quero estê tão fora
de me não apartar também da vida?

Eu refrearei tão áspera esquivança;
porque mais sentirei partir, Senhora,
sem sentir muito a pena da partida.

29

Se alguma hora em vós a piedade
de tão longo tormento se sentira,
não consentira Amor que me partira
de vossos olhos, minha saudade.

Apartei-me de vós, mas a vontade,
que pelo natural n'alma vos tira,
me faz crer que esta ausência é de mentira;
mas ainda mal, porém, porque é verdade.

Ir-me hei, Senhora; e, neste apartamento,
tomarão tristes lágrimas vingança
nos olhos de quem fostes mantimento.

E assim darei vida a meu tormento;
que, enfim, cá me achará minha lembrança
sepultada no vosso esquecimento.

30

Sete anos de pastor[17] Jacob servia
Labão, pai de Raquel, serrana bela;
mas não servia ao pai, servia a ela,
e a ela só por prêmio pretendia.

Os dias, na esperança de um só dia,
passava, contentando-se com vê-la;
porém o pai, usando de cautela,
em lugar de Raquel lhe dava Lia.

Vendo o triste pastor que com enganos
lhe fora assim negada a sua pastora,
como se a não tivera merecida,

começa de servir outros sete anos,
dizendo: — Mais servira, se não fora
para tão longo amor tão curta a vida.

---

[17] Baseado no relato bíblico encontrado em *Gênesis* 29.

31

Pensamentos, que agora novamente
cuidados vãos em mim ressuscitais,
dizei-me: ainda não vos contentais
de terdes quem vos tem tão descontente?

Que fantasia é esta, que presente
cada hora ante meus olhos me mostrais?
Com sonhos e com sombras atentais
quem nem por sonhos pode ser contente?

Vejo-vos, pensamentos, alterados,
e não quereis, de esquivos, declarar-me
que é isto que vos traz tão enleados?

Não me negueis; se andais para negar-me;
que, se contra mim estais alevantados,
eu vos ajudarei mesmo a matar-me.

32

Vós que, de olhos suaves e serenos,
com justa causa a vida cativais,
e que os outros cuidados condenais
por indevidos, baixos e pequenos;

se ainda do Amor domésticos venenos
nunca provastes, quero que saibas
que é tanto mais o amor depois que amais,
quanto são mais as causas de ser menos.

E não cuide ninguém que algum defeito,
quando na cousa amada se apresenta,
possa diminuir o amor perfeito;

antes o dobra mais; e, se atormenta,
pouco e pouco o desculpa o brando peito;
que Amor com seus contrários se acrescenta.

33

Se tomar minha pena em penitência
do erro em que caiu o pensamento,
não abranda, mas dobra meu tormento,
a isto, e a mais, obriga a paciência.

E se uma cor de morto na aparência,
um espalhar suspiros vãos ao vento,
em vós não faz, Senhora, movimento,
fique meu mal em vossa consciência.

E se de qualquer áspera mudança
toda a vontade isenta Amor castiga
(como eu vi bem no mal que me condena):

e se em vós não se entende haver vingança,
será forçado (pois Amor me obriga)
que eu só de vossa culpa pague a pena.

34

Se pena por amar-vos se merece,
quem dela livre está? Ou quem isento?
Que alma, que razão, que entendimento,
em ver-vos se não rende e obedece?

Que mor glória na vida se oferece
que ocupar-se em vós o pensamento?
Toda a pena cruel, todo o tormento
em ver-vos se não sente, mas esquece.

Mas se merece pena quem amando
contino vos está, se vos ofende,
o mundo matareis, que todo é vosso.

Em mim podeis, Senhora, ir começando,
que claro se conhece e bem se entende
amar-vos quanto devo e quanto posso.

35

Que modo tão sutil da natureza,
para fugir ao mundo, e seus enganos,
permite que se esconda em tenros anos,
debaixo de um burel tanta beleza!

Mas esconder-se não pode aquela alteza
e gravidade de olhos soberanos,
a cujo resplendor entre os humanos
resistência não sinto, ou fortaleza.

Quem quer livre ficar de dor e pena,
vendo-a ou trazendo-a na memória,
na mesma razão sua se condena.

Porque quem mereceu ver tanta glória,
cativo há de ficar; que Amor ordena
que de juro tenha ela esta vitória.

36

Presença bela, angélica figura,
em quem, quanto o Céu tinha, nos tem dado;
gesto alegre, de rosas semeado,
entre as quais se está rindo a Formosura;

olhos onde tem feito tal mistura
em cristal branco o preto marchetado,
que vemos já no verde delicado
não esperança, mas inveja escura:

brandura, aviso e graça, que aumentando
a natural beleza com um desprezo,
com que, mais desprezada, mais se aumenta;

são as prisões de um coração que, preso,
seu mal ao som dos ferros vai cantando,
como faz a sereia na tormenta.

37

Por cima destas águas, forte e firme,
irei por onde as sortes ordenaram,
pois por cima de quantas me choraram
aqueles claros olhos pude vir-me.

Já chegado era o fim de despedir-me,
já mil impedimentos se acabaram,
quando rios de amor se atravessaram
a me impedir o passo de partir-me.

Passei-os eu com ânimo obstinado,
com que a morte forçada e gloriosa
faz o vencido já desesperado.

Em que figura, ou gesto desusado,
pode já fazer medo a morte irosa,
a quem tem a seus pés rendido e atado?

38

Árvore, cujo pomo, belo e brando,
natureza de leite e sangue pinta,
onde a pureza, de vergonha tinta,
está virgíneas faces imitando;

nunca da ira e do vento, que arrancando
os troncos vão, o teu injúria sinta;
nem por malícia de ar te seja extinta
a cor, que está teu fruto debuxando.

Que pois me emprestas doce e idôneo abrigo
a meu contentamento, e favoreces
com teu suave cheiro minha glória.

Se eu não te celebrar como mereces,
cantando-te, sequer farei contigo
doce, nos casos tristes, a memória.

39

O culto divinal se celebrava
no templo donde toda a criatura
louva o Feitor[18] divino, que a feitura
com seu sagrado sangue restaurava.

Ali Amor, que a tempo me aguardava
onde a vontade tinha mais segura,
nua celeste e angélica figura
a vista da razão me salteava.

Eu, crendo que o lugar me defendia,
e seu livre costume não sabendo
que nenhum confiado lhe fugia,

deixei me cativar; mas já que entendo,
Senhora, que por vosso me queria,
do tempo que fui livre me arrependo.

---

[18] Aquele que cria ou faz algo.

40

Senhora minha, se a Fortuna imiga,
que em minha fim com todo o Céu conspira,
os olhos meus de ver os vossos tira,
porque em mais graves casos me persiga;

comigo levo esta alma, que se obriga,
na mor pressa de mar, de fogo, de ira,
a dar-vos a memória, que suspira,
só por fazer convosco eterna liga.

Nesta alma, onde a Fortuna pode pouco,
tão viva vos terei, que frio e fome
vos não possam tirar, nem vãos perigos.

Antes com som da voz, trêmulo e rouco,
bradando por vós, só com vosso nome
farei fugir os ventos e os imigos.

41

Aquela fera humana que enriquece
sua presuntuosa tirania
destas minhas entranhas, onde cria
Amor um mal que falta quando cresce;

se nela o Céu mostrou (como parece)
quanto mostrar ao mundo pretendia,
por que de minha vida se injuria?
Por que de minha morte se enobrece?

Ora, enfim, sublimai vossa vitória,
Senhora, com vencer-me e cativar-me:
fazei disto no mundo larga história.

Que, por mais que vos veja maltratar-me,
já me fico logrando desta glória
de ver que tendes tanta de matar-me.

42

Amor que o gesto humano na alma escreve,
vivas faíscas me mostrou um dia,
donde um puro cristal se derretia
por entre vivas rosas e alva neve.

A vista, que em si mesma não se atreve,
por se certificar do que ali via,
foi convertida em fonte, que fazia
a dor ao sofrimento doce e leve.

Jura Amor que brandura de vontade
causa o primeiro efeito; o pensamento
endoidece, se cuida que é verdade.

Olhai como Amor gera num momento,
de lágrimas de honesta piedade
lágrimas de imortal contentamento.

43

Como quando do mar tempestuoso
o marinheiro, lasso e trabalhado,[19]
de um naufrágio cruel já salvo a nado,
só ouvir falar nele o faz medroso;

e jura que em que veja bonançoso
o violento mar, e sossegado
não entre nele mais, mas vai, forçado
pelo muito interesse cobiçoso;

assim, Senhora, eu, que da tormenta
de vossa vista fujo, por salvar-me,
jurando de não mais em outra ver-me;

minha alma que de vós nunca se ausenta,
dá-me por preço ver-vos, faz tornar-me
donde fugi tão perto de perder-me.

---

[19] Cansado, exausto.

44

Ditoso seja aquele que somente
se queixa de amorosas esquivanças;
pois por elas não perde as esperanças;
de perder n'algum tempo ser contente.

Ditoso seja quem, estando ausente,
não sente mais que a pena das lembranças;
porque, ainda que se tema de mudanças,
menos se teme a dor quando se sente.

Ditoso seja, enfim, qualquer estado
onde enganos, desprezos e isenção
trazem o coração atormentado.

Mas triste quem se sente magoado
de erros em que não pode haver perdão,
sem ficar n'alma a mágoa do pecado.

45

Leda serenidade deleitosa,
que representa em terra um paraíso;
entre rubis e perlas doce riso,
debaixo de ouro e neve, cor-de-rosa;

presença moderada e graciosa,
onde ensinando estão despejo e siso
que se pode por arte e por aviso,
como por natureza, ser fermosa;

fala de quem a morte e a vida pende,
rara, suave; enfim, Senhora, vossa;
repouso nela alegre e comedido;

estas as armas são com que me rende
e me cativa Amor; mas não que possa
despojar-me da glória de rendido.

46

No mundo quis um tempo que se achasse
o bem que por acerto ou sorte vinha;
e, por experimentar que dita tinha,
quis a Fortuna em mim se experimentasse.

Mas por que meu destino me mostrasse
que nem ter esperanças me convinha,
nunca nesta tão longa vida minha
cousa me deixou ver que desejasse.

Mudando andei costume, terra e estado,
por ver se se mudava a sorte dura;
a vida pus nas mãos de um leve lenho.

Mas (segundo o que o Céu me tem mostrado)
já sei que deste meu buscar ventura,
achado tenho já, que não a tenho.

47

Oh! quão caro me custa o entender-te,
molesto Amor, que, só por alcançar-te,
de dor em dor me tens trazido a parte
onde em ti ódio e ira se converte!

Cuidei que, para em tudo conhecer-te,
me não faltasse experiência e arte;
agora vejo n'alma acrescentar-te
aquilo que era causa de perder-te.

Estavas tão secreto no meu peito,
que eu mesmo, que te tinha, não sabia
que me senhoreavas deste jeito.

Descobriste-te agora; e foi por via
que teu descobrimento e meu defeito,
um me envergonha e outro me injuria.

48

Quem quiser ver de Amor uma excelência
onde sua fineza mais se apura,
atente onde me põe minha ventura,
por ter de minha fé experiência.

Onde lembranças mata[20] a longa ausência,
em temeroso mar, em guerra dura,
ali a saudade está segura,
quando mor risco corre a paciência.

Mas ponha-me Fortuna e o duro Fado
em nojo,[21] morte, dano e perdição,
ou em sublime e próspera ventura;

ponha-me, enfim, em baixo ou alto estado;
que até na dura morte me acharão
na língua o nome, n'alma a vista pura.

---

[20] Na edição de 1598 consta "matão".
[21] Aborrecimento.

49

Se, depois de esperança tão perdida,
Amor pela ventura consentisse
que ainda alguma hora breve alegre visse
de quantas tristes viu tão longa vida;

uma alma já tão fraca e tão caída
por mais alto que a sorte me subisse
não tenho para mim que consentisse
alegria tão tarde consentida.

Não tão somente Amor me não mostrou
uma hora em que vivesse alegremente,
de quantas nesta vida me negou;

mas ainda tanta pena me consente,
que com contentamento me tirou
o gosto de alguma hora ser contente.

50

Senhor João Lopes, o meu baixo estado
ontem vi posto em grau tão excelente,
que vós, que sois inveja a toda a gente,
só por mim vos quiséreis ver trocado.

Vi o gesto[22] suave e delicado
que já vos fez, contente e descontente,
lançar ao vento a voz tão docemente
que fez o ar sereno e sossegado.

Vi-lhe em poucas palavras dizer, quanto
ninguém diria em muitas; eu só, cego,
magoado fiquei na doce fala.

Mas mal haja a Fortuna, e o Moço cego!
Um, porque os corações obriga a tanto;
outra, porque os estados desiguala.

---

[22] Por metonímia: rosto.

51

Apolo[23] e as nove Musas,[24] descantando
com a dourada lira, me influíam
na suave harmonia que faziam,
quando tomei a pena, começando:

— Ditoso seja o dia e hora, quando
tão delicados olhos me feriam!
Ditosos os sentidos que sentiam
estar-se em seu desejo traspassando!

Assim cantava, quando Amor virou
a roda à esperança, que corria
tão ligeira que quase era invisível.

Converteu-se me em noite o claro dia;
e, se alguma esperança me ficou,
será de maior mal, se for possível.

[23] Um dos deuses mais importantes da mitologia grega, responsável pela inspiração profética e artística.

[24] Criaturas mitológicas capazes de inspirar as criações artísticas ou científicas.

52

Dai-me uma lei, Senhora, de querer-vos,
que a guarde, sob pena de enojar-vos;
que a fé que me obriga a tanto amar-vos
fará que fique em lei de obedecer-vos.

Tudo me defendei, senão só ver-vos,
e dentro na minha alma contemplar-vos;
que, se assim não chegar a contentar-vos,
ao menor que não chegue [a] aborrecer-vos.

E, se essa condição cruel esquiva,
que me deis lei de vida não consente,
dai-ma, Senhora, já, seja de morte.

Se nem essa me dais, é bem que viva,
sem saber como vivo, tristemente,
mas contente porém de minha sorte.

53

Se tanta pena tenho merecida
em pago de sofrer tantas durezas,
provai, Senhora, em mim vossas cruezas,
que aqui tendes uma alma oferecida.

Nela experimentai, se sois servida,
desprezos, desfavores e asperezas;
que mores sofrimentos e firmezas
sustentarei na guerra desta vida.

Mas contra vossos olhos quais serão?
Forçado e que tudo se lhe renda;
mas porei por escudo o coração.

Porque, em tão dura e áspera contenda,
é bem que, pois não acho defensão,
com me meter nas lanças me defenda.

54

O cisne, quando sente ser chegada
a hora que põe termo a sua vida,
música com voz alta e mui subida
levanta pela praia inabitada.

Deseja ter a vida prolongada,
chorando do viver a despedida
com grande saudade da partida,
celebra o triste fim desta jornada.

Assim, Senhora minha, quando via
o triste fim que davam meus amores,
estando posto já no extremo fio,

com mais suave canto e harmonia
descantei pelos vossos desfavores
La vuestra falsa fe, y el amor mio.

55

Sempre a Razão vencida foi de Amor;
mas, porque assim o pedia o coração,
quis Amor ser vencido da Razão.
Ora que caso pode haver maior!

Novo modo de morte, e nova dor!
Estranheza de grande admiração,
que perde suas forças a afeição,
porque não perca a pena o seu rigor.

Pois nunca houve fraqueza no querer,
mas antes muito mais se esforça assim
um contrário com outro por vencer.

Mas a Razão, que a luta vence enfim,
não creio que é razão; mas há de ser
inclinação que eu tenho contra mim.

56

Diversos dões reparte o Céu benino,
e quer que cada ua um só possua;
assim, ornou de casto peito a Lua,
ornamento do assento cristalino.

De graça, a Mãe[25] fermosa do Menino,[26]
que nessa vista tem perdido a sua;
Palas, de discrição, que imite a tua;
do valor, Juno, só de império dino.

Mas junto agora o mesmo Céu derrama
em ti o mais que tinha, e foi o menos,
em respeito do Autor da natureza;

que, a seu pesar, te dão, fermosa Dama,
Diana honestidade, e graça, Vênus,
Palas, o aviso seu. Juno, a nobreza.

---

[25] Vênus, deusa do amor na mitologia romana.

[26] Referência ao Cupido, deus do amor, que era retratado como cego.

57

De vós me aparto, ó vida! Em tal mudança,
sinto vivo da morte o sentimento.
Não sei para que é ter contentamento,
se mais há de perder quem mais alcança.

Mas dou-vos esta firme segurança,
que, posto que me mate meu tormento,
pelas águas do eterno esquecimento
segura passará minha lembrança.

Antes sem vós meus olhos se entristeçam,
que com qualquer cousa outra se contentem;
antes os esqueçais, que vos esqueçam.

Antes nesta lembrança se atormentem,
que com esquecimento desmereçam
a glória que em sofrer tal pena sentem.

58

A Morte,[27] que da vida o nó desata,
os nós, que dá o Amor, cortar quisera
na Ausência, que é contra ele espada fera,
e com Tempo, que tudo desbarata.

Duas contrárias, que uma a outra mata,
a Morte contra o Amor ajunta e altera;
uma é Razão contra Fortuna austera,
outra, contra a Razão, Fortuna ingrata.

Mas mostre a sua imperial potência
a Morte em apartar dum corpo a alma,
duas num corpo o Amor ajunte e una;

porque assim leve triunfante a palma,
Amor da Morte, apesar da Ausência,
do Tempo, da Razão e da Fortuna.

[27] Na edição de 1616 consta "Amor".

59

Suspiros inflamados, que cantais
a tristeza com que eu vivi tão ledo!
Eu mouro e não vos levo, porque hei medo
que, ao passar do Lete,[28] vos percais.

Escritos para sempre já ficais
onde vos mostrarão todos com dedo
como exemplo de males; que eu concedo
que para aviso de outros estejais.

Em quem, pois, virdes falsas esperanças
de Amor e da Fortuna, cujos danos
alguns terão por bem-aventuranças,

dizei-lhe, que os servistes muitos anos,
e que em Fortuna tudo são mudanças,
e que em Amor não há senão enganos.

---

[28] Rio do inferno na mitologia grega. Aqueles que por ele passavam esqueciam-se inteiramente do passado.

60

Todo o animal da calma repousava,
só Liso o ardor dela não sentia;
que o repouso do fogo em que ardia
consistia na Ninfa que buscava.

Os montes parecia que abalava
o triste som das mágoas que dizia;
mas nada o duro peito comovia,
que na vontade de outrem posto estava.

Cansado já de andar pela espessura,
no tronco de uma faia, por lembrança,
escreveu estas palavras de tristeza:

"Nunca ponha ninguém sua esperança
em peito feminil, que de natura
somente em ser mudável tem firmeza."

61

Seguia aquele fogo, que o guiava,
Leandro,[29] contra o mar e contra o vento;
as forças lhe faltavam já e o alento,
Amor lhas refazia e renovava.

Depois que viu que a alma lhe faltava,
não esmorece; mas, no pensamento,
(que a língua já não pode) seu intento
ao mar que lho cumprisse, encomendava.

Ó mar (dizia o moço só consigo),
já te não peço a vida: só queria
que a de Hero me salves; não me veja...

Este meu corpo morto, lá o desvia
daquela torre. Sê-me nisto amigo,
pois no meu maior bem me houveste inveja!

---

[29] Apaixonado por Hero, saia durante a noite para encontrar a amada, nadando pelo Helesponto e guiado pelo fogo.

62

Por sua Ninfa, Céfalo deixava
Aurora, que por ele se perdia;
posto que dá princípio ao claro dia,
posto que as roxas flores imitava.

Ele, que a bela Prócris tanto amava
que só por ela tudo enjeitaria,
deseja de atentar se lhe acharia
tão firme fé como nele achava.

Mudado o trajo, tece o duro engano:
outro se finge, preço põe diante,
quebra-se a fé mudável, e consente.

Ó engenho sutil para seu dano!
Vede que manhas busca um cego amante
para que sempre seja descontente!

63

Sentindo-se tomada a bela esposa
de Céfalo, no crime consentido,
para os montes fugia do marido;
e não sei se de astuta, ou vergonhosa.

Porque ele, enfim, sofrendo a dor ciosa,
de amor cego e forçoso compelido,
após ela se vai como perdido,
já perdoando[30] a culpa criminosa.

Deita-se ao pés da Ninfa endurecida,
que do cioso engano está agravada;
já lhe pede perdão, já pede a vida.

Ó força de afeição desatinada!
Que da culpa contra ele cometida,
perdão pedia à parte que é culpada!

[30] Na edição de 1616 consta "perdendo".

64

Os vestidos Elisa[31] revolvia
que lhe Eneas deixara por memória;
doces despojos da passada glória,
doces, quando seu Fado o consentia.

Entre eles a fermosa espada via
que instrumento foi da triste história;
e, como quem de si tinha a vitória,
falando só com ela, assim dizia:

— Fermosa e nova espada, se ficaste
só para executares os enganos
de quem te quis deixar, em minha vida,

sabe que tudo comigo te enganaste;
que, para me tirar de tantos danos,
sobeja-me a tristeza da partida.

---

[31] Dido, na mitologia romana.

65

Ferido sem ter cura parecia
o forte e duro Télefo[32] temido,
por aquele que n'água foi metido,
a quem ferro nenhum cortar podia.

Ao Apolíneo Oráculo pedia
conselho para ser restituído;
respondeu que tornasse a ser ferido
por quem o já ferira, e sararia.

Assim, Senhora, quer minha ventura
que, ferido de ver-vos, claramente
com vos tornar a ver Amor me cura.

Mas é tão doce vossa fermosura,
que fico como hidrópico doente,
que com beber lhe cresce mor secura.

---

[32] Filho de Hércules, ferido na Guerra de Troia por Aquiles, é curado graças à aplicação de um emplasto, feito com a ferrugem da própria lança que o atingira.

66

Fiou-se o coração, de muito isento
de si cuidando mal, que tomaria
tão ilícito amor tal ousadia,
tal modo nunca visto de tormento.

Mas os olhos pintaram, tão a tento
outros que visto tem na fantasia,
que a razão, temerosa do que via,
fugiu, deixando o campo ao pensamento.

Ó Hipólito casto, que, de jeito,
de Fedra,[33] tua madrasta, foste amado,
que não sabia ter nenhum respeito:

em mim vingou o amor teu casto peito;
mas está desse agravo tão vingado,
que se arrepende já do que tem feito.

---

[33] Fedra era esposa de Teseu e morre no lugar de seu enteado, sua paixão secreta.

67

O raio cristalino se estendia
pelo mundo, da Aurora marchetada,
quando Nise, pastora delicada,
donde a vida deixava, se partia.

Dos olhos, com que o Sol escurecia
levando a vista em lágrimas banhada,
de si, do Fado e Tempo magoada,
pondo os olhos no Céu, assim dizia:

— Nasce, sereno Sol, puro e luzente;
resplandece, fermosa e roxa Aurora,
qualquer alma alegrando descontente;

que a minha, sabe tudo que, desde agora,
jamais na vida a podes ver contente,
nem tão triste nenhuma outra pastora.

68

Apartava-se Nise de Montano,
em cuja alma partindo-se ficava:
que o pastor na memória a debuxava,
por poder sustentar-se deste engano.

Pelas praias do Índico Oceano
sobre o curvo cajado se encostava,
e os olhos pelas águas alongava,
que pouco se doíam de seu dano.

Pois com tamanha mágoa e saudade
(dizia) quis deixar-me a que eu adoro,
por testemunhas tomo Céu e estrelas.

Mas se em vós, ondas, mora piedade,
levai também as lágrimas que choro,
pois assim me levais a causa delas!

69

Tomava Daliana[34] por vingança
da culpa do pastor que tanto amava,
casar com Gil vaqueiro; e em si vingava
o erro alheio e pérfida esquivança.

A discrição segura, a confiança,
as rosas que seu rosto debuxava,
o descontentamento lhas secava,
que tudo muda uma áspera mudança.

Gentil planta disposta em seca terra,
lindo fruto de dura mão colhido,
lembranças de outro amor, e fé perjura,

tornaram verde prado em dura serra;
interesse enganoso, amor fingido,
fizeram desditosa a fermosura.

[34] Ninfa mitológica por quem o pastor Laurêncio estava apaixonado.

70

Quantas vezes do fuso se esquecia
Daliana, banhando o lindo seio,
tantas vezes de um áspero receio
salteado, Laurênio a cor perdia.

Ela, que a Silvio[35] mais que a si queria,
para podê-lo ver não tinha meio:
ora, como curara o mal alheio
quem o seu mal tão mal curar sabia?

Ele, que viu tão clara esta verdade,
com soluços dizia (que a espessura
comovia de mágoa e piedade):

— Como pode a desordem da Natura
fazer tão diferentes na vontade
a quem fez tão conformes na ventura?

---

[35] Pastor amado por Daliana.

71

— Como fizeste, Porcia,[36] tal ferida?
Foi voluntária, ou foi por inocência?
— Mas foi fazer Amor experiência
se podia sofrer tirar-me a vida.

— E com teu próprio sangue te convida
a não pores a vida resistência?
— Ando-me acostumando à paciência,
porque o temor a morte não impida.

— Pois porque comes, logo, fogo ardente,
se a ferro te costumas? — Porque ordena
Amor que morra e pene juntamente.

— E tens a dor do ferro por pequena?
— Sim: que a dor costumada não se sente;
e eu não quero a morte sem a pena.

[36] Esposa de Brutus. Quando fica sabendo que o marido matou César, suicida-se ingerindo carvões em brasa.

72

Em fermosa Leteia[37] se confia,
por onde vaidade tanta alcança,
que, tornada em soberba a confiança,
com os deuses celestes competia.

Porque não fosse avante esta ousadia
(que nascem muitos erros da tardança),
em efeito puseram a vingança,
que tamanha doidice merecia.

Mas Oleno, perdido por Leteia,
não lhe sofrendo Amor que suportasse
castigo duro tanta fermosura,

quis padecer em si a pena alheia;
mas, porque a morte Amor não apartasse,
ambos tornados são em pedra dura.

---

[37] Leteia, esposa de Oleno, se considerava a mais bela dentre as deusas. Como punição, estas transformaram os dois em pedra.

73

Náiades,[38] vós, que os rios habitais
que os saudosos campos vão regando,
de meus olhos vereis estar manando
outros, que quase aos vossos são iguais.

Dríades,[39] vós, que as setas atirais,
os fugitivos cervos derrubando,
outros olhos vereis que triunfando
derrubam corações; que valem mais.

Deixai as aljavas logo, e as águas frias,
e vinde, Ninfas minhas, se quereis
saber como de uns olhos nascem mágoas;

vereis como se passam em vão os dias;
mas não vireis em vão, que cá achareis
nos seus as setas, e nos meus as águas.

---

[38] Ninfas dos rios e das fontes.

[39] Ninfas dos bosques, espíritos das árvores.

74

Num bosque que das Ninfas se habitava
Silvia,[40] Ninfa linda, andava um dia,
subida nua árvore sombria,
as amarelas flores apanhava.

Cupido, que ali sempre costumava
a vir passar a sesta à sombra fria,
num ramo o arco e setas que trazia,
antes que adormecesse, pendurava.

A Ninfa, como idôneo tempo vira
para tamanha empresa, não dilata,
mas com as armas foge ao Moço esquivo.

As setas traz nos olhos, com que tira:
— Ó pastores! fugi, que a todos mata,
se não a mim, que de matar-me vivo.

---

[40] Na edição de 1598 consta "Sybila".

75

Tal mostra dá de si vossa figura,
Sibela,[41] clara luz da redondeza,
que as forças e o poder da natureza
com sua claridade mais apura.

Quem viu uma confiança tão segura,
tão singular esmalte da beleza,
que não padeça mais, se ter defesa
contra vossa gentil vista procura?

Eu, pois, por escusar essa esquivança,
a razão sujeitei ao pensamento,
que, rendida, os sentidos lhe entregaram.

Se vos ofende o meu atrevimento
ainda podeis tomar nova vingança
nas relíquias da vida, que escaparam.

---

[41] Cognome literário, que encobre a verdadeira identidade da dama requestada pelo Poeta. Anagrama de Isabel.

76

Pelos extremos raros que mostrou
em saber Palas, Vênus em fermosa,
Diana em casta, Juno em animosa,
África, Europa e Ásia as adorou.

Aquele saber grande que ajuntou
espírito e corpo em liga generosa,
esta mundana máquina lustrosa,
de só quatro Elementos fabricou.

Mas mor milagre fez a natureza
em vós, Senhoras, pondo em cada uma
o que por todas quatro repartiu.

A vós seu resplendor deu Sol e Lua,
a vós com viva luz, graça a pureza,
Ar, Fogo, Terra e Água vos serviu.

77

Na metade do Céu subido ardia
o claro, almo Pastor, quando deixavam
o verde pasto as cabras, e buscavam
a frescura suave da água fria.

Com a folha da árvore sombria,
do raio ardente as aves se emparavam;
o módulo cantar, de que cessavam,
só nas roucas cigarras se sentia;

quando Liso pastor, num campo verde
Natércia, crua Ninfa, só buscava
com mil suspiros tristes que derrama:

Por que te vás de quem por ti se perde,
para quem pouco te ama? (suspirava).
[E] o Eco lhe responde: *Pouco te ama.*

78

Já a saudosa Aurora destoucava
os seus cabelos de ouro delicados,
e as flores nos campos esmaltados
do cristalino orvalho borrifava;

quando o fermoso gado se espalhava
de Silvio e de Laurente pelos prados;
pastores ambos, e ambos apartados,
de quem o mesmo Amor não se apartava.

Com verdadeiras lágrimas, Laurente,
— Não sei (dizia), ó Ninfa delicada,
por que não morre já quem vive ausente,

pois a vida sem ti não presta nada.
Responde Silvio: — Amor não o consente,
que ofende as esperanças da tornada.

79

O filho[42] de Latona esclarecido,
que com seu raio alegra a humana gente,
o hórrido Piton, brava serpente,
matou, sendo das gentes tão temido.

Feriu com arco, e de arco foi ferido,
com ponta aguda de ouro reluzente;
Nas Tessálicas praias, docemente,
pela Ninfa Peneia andou perdido.

Não lhe pôde valer, para seu dano,
ciência, diligência, nem respeito
de ser alto, celeste e soberano.

Se este nunca alcançou nem um engano
de quem era tão pouco em seu respeito
eu que espero de um ser que é mais humano?

---

[42] Referência a Apolo.

80

Alma minha gentil, que te partiste
tão cedo desta vida, descontente,
repousa lá no Céu eternamente,
e viva eu cá na terra sempre triste.

Se lá no assento etéreo, onde subiste,
memória desta vida se consente,
não te esqueças daquele amor ardente
que já nos olhos meus tão puro viste.

E se vires que pode merecer-te
alguma cousa a dor que me ficou
da mágoa, sem remédio, de perder-te,

roga a Deus, que teus anos encurtou,
que tão cedo de cá me leve a ver-te,
quão cedo de meus olhos te levou.

81

Aquela triste e leda madrugada,
cheia toda de mágoa e de piedade,
enquanto houver no mundo saudade
quero que seja sempre celebrada.

Ela só, quando amena e marchetada
saía, dando ao mundo claridade,
viu apartar-se de uma outra vontade,
que nunca poderá ver-se apartada.

Ela só viu as lágrimas em fio,
que de uns e de outros olhos derivadas
se acrescentaram em grande e largo rio.

Ela ouviu as palavras magoadas
que puderam tornar o fogo frio,
e dar descanso às almas condenadas.

82

Doces lembranças da passada glória,
que me tirou Fortuna roubadora,
deixai-me repousar em paz uma hora,
que comigo ganhais pouca vitória.

Impressa tenho n'alma larga história
deste passado bem que nunca fora,
ou fora, e não passara; mas já agora
em mim não pode haver mais que a memória.

Vivo em lembranças, morro de esquecido
de quem sempre devera ser lembrado,
se lhe lembrara estado tão contente.

Oh! quem tornar pudera a ser nascido!
Soubera-me lograr do bem passado,
conhecer soubera o mal presente.

83

Amor, com a esperança já perdida,
teu soberano templo visitei;
por sinal do naufrágio que passei,
em lugar dos vestidos, pus a vida.

Que queres mais de mim, que destruída
me tens a glória toda que alcancei?
Não cuides de forçar-me, que não sei
tornar a entrar onde não há saída.

Vês aqui alma, vida e esperança,
despojos doces de meu bem passado,
enquanto quis aquela que eu adoro:

nelas podes tomar de mim vingança;
e se ainda não estás de mim vingado,
contenta-te com as lágrimas que choro.

84

Males, que contra mim vos conjurastes,
quanto há de durar tão duro intento?
Se dura porque dura meu tormento,
baste-vos quanto já me atormentastes.

Mas se assim perfiais porque cuidastes
derrubar meu tão alto pensamento,
mais pode a causa dele, em que o sustento,
que vós, que dela mesma o ser tomastes.

E pois vossa tenção, com minha morte,
é de[43] acabar o mal destes amores,
dai já fim a um tormento tão comprido,

porque de ambos contente seja a sorte:
vós, porque me acabastes, vencedores;
e eu, porque acabei de vós vencido.

[43] Na edição de 1595 consta "ha de".

85

Em prisões baixas fui um tempo atado,
vergonhoso castigo de meus erros;
ainda agora arrojando levo os ferros
que a Morte, a meu pesar, tem já quebrado.

Sacrifiquei a vida a meu cuidado,
que Amor não quer cordeiros nem bezerros;
vi mágoas, vi misérias, vi desterros:
parece-me que estava assim ordenado.

Contentei-me com pouco, conhecendo
que era o contentamento vergonhoso,
só por ver que cousa era viver ledo.

Mas minha estrela, que eu já agora entendo,
a morte cega, e o caso duvidoso;
me fizeram de gostos haver medo.

86

Cara minha inimiga, em cuja mão
pôs meus contentamentos a ventura,
faltou-te a ti na terra sepultura;
porque me falte a mim consolação.

Eternamente as águas lograrão
a tua peregrina fermosura;
mas, enquanto me a mim a vida dura,
sempre viva em minha alma te acharão.

E se meus rudos versos podem tanto
que possam prometer-te longa história
daquele amor tão puro e verdadeiro,

celebrada serás sempre em meu canto;
porque enquanto no mundo houver memória,
será minha escritura teu letreiro.

87

Foi já num tempo doce cousa amar,
enquanto me enganava a esperança;
o coração, com esta confiança,
todo se desfazia em desejar.

Ó vão, caduco e débil esperar!
Como se desengana uma mudança!
Que, quanto é mor a bem-aventurança,
tanto menos se crê que há de durar!

Quem já se viu contente e prosperado,
vendo-se em breve tempo em pena tanta,
razão tem de viver bem magoado.

Porém quem tem o mundo experimentado,
não o magoa a pena nem o espanta,
que mal se estranhará o costumado.

88

Que poderei do mundo já querer,
que naquilo em que pus tamanho amor,
não vi senão desgosto e desamor,
e morte, enfim: que mais não pode ser!

Pois vida me não farta de viver,
pois já sei que não mata grande dor,
se cousa há que mágoa dê maior,
eu a verei; que tudo posso ver.

A morte, a meu pesar, me assegurou
de quanto mal me vinha; já perdi
o que perder o medo me ensinou.

Na vida desamor somente vi,
na morte a grande dor que me ficou:
parece que para isto só nasci!

89

Pois meus olhos não cansam de chorar
tristezas, que não cansam de cansar-me;
pois não abranda o fogo em que abrasar-me
pôde quem eu jamais pude abrandar;

não canse o cego Amor de me guiar
a parte donde não saiba tornar-me;
nem deixe o mundo todo de escutar-me,
enquanto me a voz fraca não deixar.

E se nos montes, rios ou em vales,
piedade mora, ou dentro mora Amor
em feras, aves, plantas, pedras, águas,

ouçam a longa história de meus males,
e curem sua dor com minha dor;
que grandes mágoas podem curar mágoas.

90

Um mover d'olhos, brando e piedoso,
sem ver de quê; um riso brando e honesto,
quase forçado; um doce e humilde gesto,
de qualquer alegria duvidoso;

um despejo quieto e vergonhoso;
um repouso gravíssimo e modesto;
uma pura bondade, manifesto
indício da alma, limpo e gracioso;

um encolhido ousar; uma brandura;
um medo sem ter culpa; um ar sereno;
um longo e obediente sofrimento:

esta foi a celeste fermosura
da minha Circe,[44] e o mágico veneno
que pôde transformar meu pensamento.

---

[44] Poderosa feiticeira que, após atrair os homens ao seu palácio, transformava-os em porcos.

91

Fermosos olhos que na idade nossa
mostrais do Céu certíssimos sinais,
se quereis conhecer quanto possais,
olhai-me a mim, que sou feitura vossa.

Vereis que de viver me desapossa
aquele riso com que a vida dais;
vereis como de Amor não quero mais,
por mais que o tempo corra e o dano possa.

E se dentro nesta alma ver quiserdes,
como num claro espelho, ali vereis
também a vossa, angélica e serena.

Mas eu cuido que só por não me verdes,
ver-vos em mim, Senhora, não quereis:
tanto gosto levais de minha pena!

92

Mudam-se os tempos, mudam-se as vontades,
muda-se o ser, muda-se a confiança;
todo o mundo é composto de mudança,
tomando sempre novas qualidades.

Continuamente vemos novidades,
diferentes em tudo da esperança;
do mal ficam as mágoas na lembrança,
e do bem (se algum houve), as saudades.

O tempo cobre o chão de verde manto,
que já coberto foi de neve fria,
e, enfim, converte em choro o doce canto.

E, afora este mudar-se cada dia,
outra mudança faz de mor espanto,
que não se muda já como soía.

93

Conversação doméstica afeiçoa,
ora em forma de boa e sã vontade,
ora de uma amorosa piedade,
sem olhar qualidade de pessoa.

Se depois, porventura, vos magoa
com desamor e pouca lealdade,
logo vos faz mentira da verdade
o brando Amor, que tudo em si perdoa.

Não são isto que falo conjecturas,
que o pensamento julga na aparência,
por fazer delicadas escrituras.

Metido tenho a mão na consciência,
e não falo senão verdades puras
que me ensinou a viva experiência.

94

Depois que quis Amor que eu só passasse
quanto mal já por muitos repartiu,
entregou-me à Fortuna, porque viu
que não tinha mais mal que em mim mostrasse.

Ela, porque do Amor se avantajasse
no tormento que o Céu me permitiu,
o que para ninguém se consentiu,
para mim só mandou que se inventasse.

Eis-me aqui vou com vário som gritando,
copioso exemplário para a gente
que destes dous tiranos é sujeita,

desvarios em versos concertando.
Triste quem seu descanso tanto estreita,
que deste tão pequeno está contente!

95

Ondados fios d'ouro reluzente,
que, agora da mão bela recolhidos,
agora sobre as rosas[45] estendidos,
fazeis que sua beleza se acrescente;

olhos, que vos moveis tão docemente,
em mil divinos raios encendidos,
se de cá me levais alma e sentidos,
que fora, se de vós não fora ausente?

Honesto riso, que entre a mor fineza
de perlas e corais nasce e perece,
se n'alma em doces ecos não o ouvisse!

Se imaginando só tanta beleza
de si, em nova glória, a alma se esquece,
que fará quando a vir? Ah! quem a visse!

---

[45] Rosas da face.

96

Bem sei, Amor, que é certo o que receio;
mas tu, porque com isso mais te apuras,
de manhoso mo negas, e mo juras
no teu dourado arco; e eu to creio.

A mão tenho metida no teu seio,
e não vejo meus danos às escuras;
e tu contudo tanto me asseguras,
que me digo que minto, e que me enleio.

Não somente consinto neste engano,
mas ainda to agradeço, e a mim me nego
tudo o que vejo e sinto de meu dano.

Oh! poderoso mal a que me entrego!
Que, no meio do justo desengano,
me possa ainda cegar um Moço cego!

97

Com grandes esperanças já cantei,
com que os deuses no Olimpo conquistara;
depois vim a chorar porque cantara
e agora choro já porque chorei.

Se cuido nas passadas que já dei,
custa-me esta lembrança só tão cara
que a dor de ver as mágoas que passara
tenho pola mor mágoa que passei.

Pois logo, se está claro que um tormento
dá causa que outro n'alma se acrescente,
já nunca posso ter contentamento.

Mas esta fantasia se me mente?
Oh! ocioso e cego pensamento!
Ainda eu imagino em ser contente?

98

Aquela que, de pura castidade,
de si mesma tomou cruel vingança
por uma breve e súbita mudança,
contrária à sua honra e qualidade;

(venceu à fermosura a honestidade,
venceu no fim da vida a esperança,
porque ficasse viva tal lembrança,
tal amor, tanta fé, tanta verdade!)

De si, da gente e do mundo esquecida,
feriu com duro ferro o brando peito,
banhando em sangue a força do tirano.

[Oh!] estranha ousadia! estranho feito!
Que, dando breve morte ao corpo humano,
tenha sua memória larga vida!

99

No tempo que de Amor viver soía,
nem sempre andava ao remo ferrolhado;
antes agora livre, agora atado,
em várias flamas variamente ardia.

Que ardesse num só fogo, não queria
o Céu, porque tivesse experimentado
que nem mudar as causas ao cuidado
mudança na ventura me faria.

E se algum pouco tempo andava isento,
foi como quem com peso descansou,
por tornar a cansar com mais alento.

Louvado seja Amor em meu tormento,
pois para passatempo seu tomou
este meu tão cansado sofrimento!

100

Quando de minhas mágoas a comprida
imaginação os olhos me adormece,
em sonhos aquela alma me aparece
que para mim foi sonho nesta vida.

Lá numa saudade, onde estendida
a vista pelo campo desfalece,
corro para ela; e ela então parece
que mais de mim se alonga, compelida.

Brado: Não me fujais, sombra benina!
Ela (os olhos em mim com brando pejo,
como quem diz que já não pode ser),

torna a fugir-me; e eu, gritando: *Dina...*
antes que diga *mene*,[46] acordo, e vejo
que nem um breve engano posso ter.

---

[46] Referência a Dinamene, uma ninfa do mar. Aqui, o nome é usado para disfarçar a amada do poeta.

101

Ah! minha Dinamene! Assi deixaste[47]
quem não deixara nunca de querer-te?
Ah! Ninfa minha! Já não posso ver-te,
tão asinha esta vida desprezaste!

Como já para sempre te apartaste
de quem tão longe estava de perder-te?
Puderam estas ondas defender-te,
que não visses quem tanto magoaste?

Nem falar-te somente a dura morte
me deixou, que tão cedo o negro manto
em teus olhos deitado consentiste!

Ó mar, ó Céu, ó minha escura sorte![48]
Que pena sentirei, que valha tanto,
que ainda tenho por pouco viver triste?

---

[47] Na edição de 1668 consta "duraste".

[48] Na edição de 1668 consta "morte".

102

Quem fosse acompanhando juntamente
por esses verdes campos a avezinha
que, depois de perder um bem que tinha,
não sabe mais que cousa é ser contente!

[E] quem fosse apartando-se da gente,
ela, por companheira e por vizinha,
me ajudasse a chorar a pena minha,
eu a ela o pesar que tanto sente!

Ditosa ave! que ao menos, se a Natura
a seu primeiro bem não dá segundo,
dá-lhe o ser triste a seu contentamento.

Mais triste quem de longe quis ventura,
que, para respirar, lhe falte o vento,
e para tudo, enfim, lhe falte o mundo!

103

Cantando estava um dia bem seguro,
quando passando Silvio me dizia
(Silvio, pastor antigo, que sabia
pelo canto das aves o futuro):

— Méris, quando quiser o fado escuro,
oprimir-te virão em um só dia
dois lobos; logo a voz e a melodia
te fugirão e o som suave e puro.

Bem foi assim: porque um me degolou
quando gado vacum pastava e tinha,
de que grandes soldadas esperava:

e outro por meu dano me matou
a cordeira gentil que eu tanto amava,
perpétua saudade da alma minha!

104

Correm turvas as águas deste rio,
que as do Céu e as do monte as enturbaram;
os campos florecidos se secaram,
intratável se fez o vale, e frio.

Passou o verão, passou o ardente estio,
umas cousas por outras se trocaram;
os fementidos Fados já deixaram
do mundo o regimento, ou desvario.

Tem o tempo sua ordem já sabida;
o mundo, não; mas anda tão confuso,
que parece que dele Deus se esquece.

Casos, opiniões, natura e uso
fazem que nos pareça desta vida
que não há nela mais que o que parece.

105

Julga-me a gente toda por perdido,
vendo-me tão entregue a meu cuidado,
andar sempre dos homens apartado,
e dos tratos humanos esquecido.

Mas eu, que tenho o mundo conhecido,
e quase que sobre ele ando dobrado,
tenho por baixo, rústico, enganado,
quem não é com meu mal engrandecido.

Vão revolvendo a terra, o mar e o vento,
busque riquezas, honras a outra gente,
vencendo ferro, fogo, frio e calma;

que eu só em humilde estado me contento,
de trazer esculpido eternamente
vosso fermoso gesto dentro n'alma.

106

O céu, a terra, o vento sossegado...
As ondas, que se estendem pela areia...
Os peixes, que no mar o sono enfreia...
O noturno silêncio repousado...

O pescador Aónio, que, deitado
onde com vento a água se meneia,
chorando, o nome amado em vão nomeia,
que não pode ser mais que nomeado:

Ondas (dizia), antes que Amor me mate,
torna-me a minha Ninfa, que tão cedo
me fizestes à morte estar sujeita.

Ninguém lhe fala; o mar de longe bate;
move-se brandamente o arvoredo;
leva-lhe o vento a voz, que ao vento deita.

107

Que me quereis, perpétuas saudades?
Com que esperança ainda me enganais?
Que o tempo que se vai não torna mais,
e se torna, não tornam as idades.

Razão é já, ó anos, que vos vades,
porque estes tão ligeiros que passais,
nem todos para um gosto são iguais,
nem sempre são conformes as vontades.

Aquilo a que já quis é tão mudado,
que quase é outra cousa: porque os dias
têm o primeiro gosto já danado.[49]

Esperanças de novas alegrias
não mas deixa a Fortuna e o Tempo errado,
que do contentamento são espias.

---

[49] Aquele que sofreu algum dano.

108

Erros meus, má fortuna, amor ardente
em minha perdição se conjuraram;
os erros e a fortuna sobejaram,
que para mim bastava o amor somente.

Tudo passei; mas tenho tão presente
a grande dor das cousas que passaram,
que as magoadas iras me ensinaram
a não querer já nunca ser contente.

Errei todo o discurso de meus anos;
dei causa a que a Fortuna castigasse
as minhas mal fundadas esperanças.

De amor não vi senão breves enganos.
Oh! quem tanto pudesse que fartasse
este meu duro gênio de vinganças!

109

Eu cantei já, e agora vou chorando
o tempo que cantei tão confiado;
parece que no canto já passado
se estavam minhas lágrimas criando.

Cantei; mas se me alguém pergunta: — Quando?
não sei; que também foi nisso enganado.
É tão triste este meu presente estado
que o passado, por ledo, estou julgando.

Fizeram-me cantar, manhosamente,
contentamentos não, mas confianças;
cantava, mas já era ao som dos ferros.

De quem me queixarei, que tudo mente?
Mas eu que culpa ponho às esperanças
onde a Fortuna injusta é mais que os erros?

110

Na desesperação já repousava
o peito longamente magoado,
e, com seu dano eterno concertado,
já não temia, já não desejava;

quando uma sombra vã me assegurava
que algum bem me podia estar guardado
em tão fermosa imagem, que o treslado
n'alma ficou, que nela se enlevava.

Que crédito que dá tão facilmente
o coração àquilo que deseja,
quando lhe esquece o fero seu destino!

Oh! deixem-me enganar, que eu sou contente;
que, posto que maior meu dano seja,
fica-me a glória já do que imagino.

111

Eu vivia de lágrimas isento,
num engano tão doce e deleitoso
que em que outro amante fosse mais ditoso,
não valiam mil glórias um tormento.

Vendo-me possuir tal pensamento,
de nenhuma riqueza era invejoso;
vivia bem, de nada receoso,
com doce amor e doce sentimento.

Cobiçosa, a Fortuna me tirou
deste meu tão contente e alegre estado,
e passou-me este bem, que nunca fora:

em troco do qual bem só me deixou
lembranças, que me matam cada hora,
trazendo-me à memória o bem passado.

112

Indo o triste pastor todo embebido
na sombra de seu doce pensamento,
tais queixas espalhava ao leve vento
com brando suspirar da alma saído:

— A quem me queixarei, cego, perdido,
pois nas pedras não acho sentimento?
Com quem falo? A quem digo meu tormento
que onde mais chamo sou menos ouvido?

Oh! bela Ninfa, por que não respondes?
Por que o olhar-me tanto me encareces?
Por que queres que sempre me querele?

Eu quanto mais te vejo, mais te escondes!
Quanto mais mal me vês, mais te endureces!
Assim que com mal cresce a causa dele.

113

Lembranças que lembrais meu bem passado,
para que sinta mais o mal presente,
deixai-me (se quereis) viver contente,
não me deixeis morrer em tal estado.

Mas se também de tudo está ordenado
viver (como se vê) tão descontente,
venha (se vier) o bem por acidente,
e dê a morte fim a meu cuidado.

Que muito melhor é perder a vida,
perdendo-se as lembranças da memória,
pois fazem tanto dano[50] ao pensamento.

Assim que nada perde, quem perdida
a esperança traz de sua glória,
se esta vida há de ser sempre em tormento.

---

[50] Na edição de 1668 consta "pois tanto dano fazem".

114

Ah! Fortuna cruel! Ah! duros Fados!
Quão asinha em meu dano vos mudastes!
Passou o tempo que me descansastes,
agora descansais com meus cuidados.

Deixastes-me sentir os bens passados,
para mor dor da dor que me ordenastes;
então nua hora juntos mos levastes,
deixando em seu lugar males dobrados.

Ah! quanto melhor fora não vos ver,
gostos, que assim passais tão de corrida,
que fico duvidoso se vos vi:

sem vós já me não fica que perder,
se não se for esta cansada vida,
que por mor perda minha não perdi.

115

Ah! amiga cruel, que apartamento
é este que fazeis da pátria terra?
Quem do paterno ninho vos desterra,
glória dos olhos, bem do pensamento?

Is tentar da fortuna o movimento
e dos ventos cruéis a dura guerra?
Ver brenhas de água, e o mar feito em serra,
levantado de um vento e de outro vento?

Mas já que vos partis, sem vos partirdes,
parta convosco o Céu tanta ventura,
que seja mor que aquela que esperardes.

E só nesta verdade ide segura:
que ficam mais saudades com partirdes,
do que breves desejos de chegardes.

116

Aqueles claros olhos que chorando
ficavam quando deles me partia,
agora que farão? Quem mo diria?
Se porventura estarão em mim cuidando?

Se terão na memória como ou quando
deles me vim tão longe de alegria?
Ou se estarão aquele alegre dia
que torne a vê-los, n'alma figurando?

Se contarão as horas e os momentos?
Se acharão num momento muitos anos?
Se falarão com as aves e cos ventos?

Oh! bem-aventurados fingimentos,
que nesta ausência tão doces enganos
sabeis fazer aos tristes pensamentos!

117

Quando cuido no tempo que, contente,
vi as pérolas, neve, rosa e ouro,
como quem vê por sonhos um tesouro,
parece tenho tudo aqui presente.

Mas tanto que se passa este acidente,
e vejo o quão distante de vós mouro,
temo quanto imagino por agouro,
porque de imaginar também me ausente.

Já foram dias em que por ventura
vos vi, Senhora, (se assim dizendo
posso com coração seguro estar sem medo);

agora, em tanto mal não mo assegura
a própria fantasia e nojo vosso;
eu não posso entender este segredo!

118

Quem vos levou de mim, saudoso estado,
que tanta sem-razão comigo usastes?
Quem foi, por quem tão presto me negastes,
esquecido de todo o bem passado?

Trocastes-me um descanso em um cuidado
tão duro, tão cruel, qual me ordenastes;
a fé, que tínheis dado, me negastes,
quando mais nela estava confiado.

Vivia sem receio deste mal;
Fortuna, que tem tudo a sua mercê,
amor com desamor me revolveu.

Bem sei que neste caso nada val,
que quem nasceu chorando, justo é
que pague com chorar o que perdeu.

119

Senhora já desta alma, perdoai
de um vencido de Amor os desatinos,
e sejam vossos olhos tão beninos
com este Duro amor, que d'alma sai.

A minha pura fé somente olhai,
e vede meus extremos se são finos;
e se de alguma pena forem dinos,
em mim, Senhora minha, vos vingai.

Não seja a dor que abrasa o triste peito
causa por onde pene o coração,
que tanto em firme amor vos é sujeito.

Guardai-vos do que alguns, Dama, dirão,
que, sendo raro em tudo vosso objeito,
possa morar em vós ingratidão.

120

Cá nesta Babilônia, donde mana
matéria a quanto mal o mundo cria;
cá onde o puro Amor não tem valia,
que a Mãe, que manda mais, tudo profana;

cá, onde o mal se afina, e o bem se dana,
e pode mais que a honra a tirania;
cá, onde a errada e cega Monarquia
cuida que um nome vão a desengana;

cá, neste labirinto, onde a nobreza
com esforço e saber pedindo vão
às portas da cobiça e da vileza;

cá neste escuro caos de confusão,
cumprindo o curso estou da natureza.
Vê se me esquecerei de ti, Sião!

121

Dizei, Senhora, da Beleza ideia:
para fazerdes esse áureo crino,[51]
onde fostes buscar esse ouro fino?
De que escondida mina ou de que veia?

Dos vossos olhos essa luz Febeia,[52]
esse respeito, de um império dino?
Se o alcançastes com saber divino,
se com encantamentos de Medeia?[53]

De que escondidas conchas escolhestes
as perlas preciosas orientais
que, falando, mostrais no doce riso?

Pois vos formastes tal como quisestes,
vigiai-vos de vós, não vos vejais,
fugi das fontes: lembre-vos Narciso.

---

[51] Tipo de planta ornamental.

[52] Luz de Febo, ou Apolo; luz do sol.

[53] Feiticeira esposa de Jasão, a qual guardava o velocino de ouro.

122

Doce contentamento já passado,
em que todo meu bem já consistia,
quem vos levou de minha companhia
e me deixou de vós tão apartado?

Quem cuidou que se visse neste estado
naquelas breves horas de alegria,
quando minha ventura consentia
que de enganos vivesse meu cuidado?

Fortuna minha foi cruel e dura
aquela que causou meu perdimento,
com a qual ninguém pode ter cautela.

Nem se engane nenhuma criatura,
que não pode nenhum impedimento
fugir do que [lhe] ordena sua estrela.

123

Doce sonho, suave e soberano,
se por mais longo tempo me durara!
Ah! quem de sonho tal nunca acordara,
pois havia de ver tal desengano!

Ah! deleitoso bem! ah! doce engano!
Se por mais largo espaço me enganara!
Se então a vida mísera acabara,
de alegria e prazer morrera ufano.

Ditoso, não estando em mim, pois tive,
dormindo, o que acordado ter quisera.
Olhai com que me paga meu destino!

Enfim, fora de mim, ditoso estive.
Em mentiras ter dita razão era,
pois sempre nas verdades fui mofino.

124

Enquanto Febo os montes acendia
do Céu com luminosa claridade,
por evitar do ócio a castidade
na caça o tempo Délia[54] despendia.

Vênus, que então de furto descendia,
por cativar de Anquises[55] a vontade,
vendo Diana em tanta honestidade,
quase zombando dela, lhe dizia:

— Tu vás com tuas redes na espessura
os fugitivos cervos enredando,
mas as minhas enredam o sentido.

— Melhor é (respondia a deusa pura)
nas redes leves cervos ir tomando
que tomar-te a ti nelas teu marido.

---

[54] Diana, deusa da caça na mitologia romana e nascida na Ilha de Delos.

[55] Príncipe troiano, pai de Eneias.

125

Este amor que vos tenho, limpo e puro,
de pensamento vil nunca tocado,
em minha tenra idade começado,
tê-lo dentro nesta alma só procuro.

De haver nele mudança estou seguro,
sem temer nenhum caso ou duro Fado,
nem o supremo bem ou baixo estado,
nem o tempo presente nem futuro.

A bonina e a flor asinha passa;
tudo por terra o Inverno e Estio deita,
só para meu amor é sempre Maio.

Mas ver-vos para mim, Senhora, escassa,
e que essa ingratidão tudo me enjeita,
traz este meu amor sempre em desmaio.

126

Fortuna em mim guardando seu direito
em verde derrubou minha alegria.
Oh! quanto se acabou naquele dia,
cuja triste lembrança arde em meu peito!

Quando contemplo tudo, bem suspeito
que a tal bem, tal descanso se devia,
por não dizer o mundo que podia
achar-se em seu engano bem perfeito.

Mas se a Fortuna o fez por descontar-me
tamanho gosto, em cujo sentimento
a memória não faz senão matar-me,

que culpa pode dar-me o sofrimento,
se a causa que ele tem de atormentar-me,
eu tenho de sofrer o seu tormento?

127

Já não sinto, Senhora, os desenganos
com que minha afeição sempre tratastes,
nem ver o galardão que me negastes,
merecido por fé, há tantos anos.

A mágoa choro só, só choro os danos
de ver por quem, Senhora, me trocastes;
mas em tal caso vós só me vingastes
de vossa ingratidão, vossos enganos.

Dobrada glória dá qualquer vingança,
que o ofendido toma do culpado,
quando se satisfaz com cousa justa,

mas eu de vossos males e, esquivança,
de que agora me vejo bem vingado,
não o quisera eu tanto à vossa custa.

128

Memória de meu bem, cortado em flores
por ordem de meus tristes e maus Fados,
deixai-me descansar com meus cuidados
nesta inquietação de meus amores.

Basta-me o mal presente, e os temores
dos sucessos que espero infortunados,
sem que venham, de novo, bens passados
afrontar meu repouso com suas dores.

Perdi numa hora tudo quanto em termos
tão vagarosos e largos alcancei;
deixai-me, pois, lembranças desta glória.

Cumpre acabe a vida nestes ermos,
porque neles com meu mal acabarei
mil vidas, não uma só, dura memória!

129

Na ribeira do Eufrates assentado,
discorrendo me achei pela memória
aquele breve bem, aquela glória,
que em ti, doce Sião, tinha passado.

Da causa de meus males perguntado
me foi: Como não cantas a história
de teu passado bem, e da vitória
que sempre de teu mal hás alcançado?

Não sabes, que a quem canta se lhe esquece
o mal, ainda que grave e rigoroso?
Canta, pois, e não chores dessa sorte.

Respondo com suspiros: Quando cresce
a muita saudade, o piadoso
remédio é não cantar senão a morte.

130

Num tão alto lugar, de tanto preço,
este meu pensamento posto vejo,
que desfalece nele ainda o desejo,
vendo quanto por mim o desmereço.

Quando esta tal baixeza em mim conheço,
acho que cuidar nele é grão despejo,
e que morrer por ele me é sobejo
e mor bem para mim, do que mereço.

O mais que natural merecimento
de quem me causa um mal tão duro e forte,
o faz que vá crescendo de hora em hora.

Mas eu não deixarei meu pensamento,
porque ainda que este mal me causa a morte,
Un bel morir tutta la vita onora.[56]

---

[56] Verso de Petrarca. "Uma bela morte honra toda uma vida."

131

O dia em que eu nasci, moura e pereça,
não o queira jamais o tempo dar;
não torne mais ao mundo, e, se tornar,
eclipse nesse passo o sol padeça.

A luz lhe falte, o sol se [lhe] escureça,
mostre o mundo sinais de se acabar,
nasçam-lhe monstros, sangue chova o ar,
a mãe ao próprio filho não conheça.

As pessoas pasmadas, de ignorantes,
as lágrimas no rosto, a cor perdida,
cuidem que o mundo já se destruiu.

Ó gente temerosa, não te espantes,
que este dia deitou ao mundo a vida
mais desgraçada que jamais se viu!

132

Olhos fermosos, em quem quis Natura
mostrar do seu poder altos sinais,
se quiserdes saber quanto possais,
vede-me a mim, que sou vossa feitura.

Pintada em mim se vê vossa figura,
no que eu padeço retratada estais;
que, se eu passo tormentos desiguais,
muito mais pode vossa fermosura.

De mim não quero mais que o meu desejo;
ser vosso, e só de ser vosso me arreio,
porque o vosso penhor em mim se assele.

Não me lembro de mim quando vos vejo,
nem do mundo; e não erro, porque creio
que, em lembrar-me de vós, cumpro com ele.

133

O tempo acaba o ano, o mês e a hora,
a força, a arte, a manha, a fortaleza;
o tempo acaba a fama e a riqueza,
o tempo o mesmo tempo de si chora.

O tempo busca e acaba o onde mora
qualquer ingratidão, qualquer dureza;
mas não pode acabar minha tristeza,
enquanto não quiserdes vós, Senhora.

O tempo o claro dia torna escuro,
e o mais ledo prazer em choro triste;
o tempo, a tempestade em grã bonança.

Mas de abrandar o tempo estou seguro
o peito de diamante, onde consiste
a pena e o prazer desta esperança.

134

Posto me tem Fortuna em tal estado,
e tanto a seus pés me tem rendido!
Não tenho que perder já, de perdido,
não tenho que mudar já, de mudado.

Todo o bem para mim é acabado;
daqui dou o viver já por vivido;
que, aonde o mal é tão conhecido,
também o viver mais será escusado.

Se me basta querer, a morte quero,
que bem outra esperança não convém,
e curarei um mal com outro mal.

E, pois do bem tão pouco bem espero,
já que o mal este só remédio tem,
não me culpem em querer remédio tal.

135

Quando se vir com água o fogo arder,
e misturar com dia a noite escura,
e a terra se vir naquela altura
em que se vêm os Céus prevalecer;

o Amor por razão mandado ser,
e a todos ser igual nossa ventura,
com tal mudança, vossa fermosura
então a poderei deixar de ver.

Porém não sendo vista esta mudança
no mundo (como claro está não ver-se),
não se espere de mim deixar de ver-vos.

Que basta estar em vós minha esperança,
o ganho de minha alma, e o perder-se,
para não deixar nunca de querer-vos.

136

A fermosura desta fresca serra,
e a sombra dos verdes castanheiros,
o manso caminhar destes ribeiros,
donde toda a tristeza se desterra;

o rouco som do mar, a estranha terra,
o esconder do sol pelos outeiros,
o recolher dos gados derradeiros,
das nuvens pelo ar a branda guerra;

enfim, tudo o que a rara natureza
com tanta variedade nos oferece,
me está, se não te vejo, magoando.

Sem ti, tudo me enoja e me aborrece;
sem ti, perpetuamente estou passando
nas mores alegrias, mor tristeza.

137

Diana prateada, esclarecida
com a luz que do claro Febo ardente,
por ser de natureza transparente,
em si, como em espelho, reluzia.

Cem mil milhões de graças lhe influía,
quando me apareceu o excelente
raio de vosso aspecto, diferente
em graça e em amor do que soía.

Eu, vendo-me tão cheio de favores,
e tão propínquo a ser de todo vosso,
louvei a hora clara, e a noite escura,

pois nela destes cor a meus amores;
donde colijo claro que não posso
de dia para vós já ter ventura.

138

Quando a suprema dor muito me aperta,
se digo que desejo esquecimento,
é força que se faz ao pensamento,
de que a vontade livre desconcerta.

Assim, de erro tão grave me desperta
a luz do bem regido entendimento,
que mostra ser engano ou fingimento
dizer que em tal descanso mais se acerta.

Porque essa própria imagem, que na mente
me representa o bem de que careço,
faz-mo de um certo modo ser presente.

Ditosa é, logo, a pena que padeço,
pois que da causa dela em mim se sente
um bem que, ainda sem ver-vos, reconheço.

139

Quando, Senhora, quis Amor que amasse
essa grã perfeição e gentileza,
logo deu por sentença que a crueza
em vosso peito amor acrescentasse.

Determinou que nada me apartasse,
nem desfavor cruel, nem aspereza;
mas que em minha raríssima firmeza
vossa isenção cruel se executasse.

E, pois tendes aqui oferecida
esta alma vossa a vosso sacrifício,
acabai de fartar vossa vontade.

Não lhe alargueis, Senhora, mais a vida;
acabará morrendo em seu ofício,
que fé defendendo e lealdade.

140

Que pode já fazer minha ventura
que seja para meu contentamento?
Ou como fazer devo fundamento
de cousa que o não tem, nem é segura?

Que pena pode ser tão certa e dura
que possa ser maior que meu tormento?
Ou como receará meu pensamento
os males, se com eles mais se apura?

Como quem se costuma de pequeno
com peçonha criar por mão ciente,
da qual o uso já o tem seguro;

assim de acostumado com veneno,
o uso de sofrer meu mal presente
me faz não sentir já nada o futuro.

141

Quem presumir, Senhora, de louvar-vos
com humano saber, e não divino,
ficará de tamanha culpa dino
quamanha ficais tendo em contemplar-vos.

Não pretenda ninguém de louvor dar-vos,
por mais que raro seja é peregrino:
que vossa fermosura eu imagino
que Deus a Ele só quis comparar-vos.

Ditosa esta alma vossa, que quisestes
em posse pôr de prenda tão subida,
como, Senhora, foi a que me destes.

Melhor a guardarei que a própria vida;
que, pois mercê tamanha me fizestes,
de mim será jamais nunca esquecida.

142

Se de vosso fermoso e lindo gesto
nasceram lindas flores para os olhos,
que para o peito são duros abrolhos,
em mim se vê mui claro e manifesto:

pois vossa fermosura e vulto honesto
em os ver, de boninas vi mil molhos;
mas se meu coração tivera antolhos,
não vira em vós seu dano o mal funesto.

Um mal visto por bem, um bem tristonho,
que me traz elevado o pensamento
em mil, porém diversas, fantasias.

Nas quais eu sempre ando, e sempre sonho,
e vós não cuidais mais que em meu tormento,
em que fundais as vossas alegrias.

143

Sempre, cruel Senhora, receei,
medindo vossa grã desconfiança,
que desse em desamor vossa tardança,
e que me perdesse eu, pois vos amei.

Perca-se, enfim, já tudo o que esperei,
pois noutro amor já tendes esperança.
Tão patente será vossa mudança,
quanto eu encobri sempre o que vos dei.

Dei-vos a alma, a vida e o sentido;
de tudo o que em mim há vos fiz senhora.
Prometeis e negais o mesmo Amor.

Agora tal estou que, de perdido,
não sei por onde vou, mas alguma hora
vos dará tal lembrança grande dor.

144

Sustenta meu viver uma esperança
derivada de um bem tão desejado
que, quando nela estou mais confiado,
mor dúvida me põe qualquer mudança.

E quando ainda este bem na mor pujança
de seus gostos me tem mais enlevado,
me atormenta então ver eu que, alcançado
será por quem de vós não tem lembrança.

Assim, que nestas redes enlaçado,
a penas dou a vida, sustentando
uma nova matéria a meu cuidado.

Suspiros d'alma tristes arrancando,
dos silvos de uma pedra acompanhado,
estou matérias tristes lamentando.

145

Vencido está de Amor   meu pensamento
o mais que pode ser   vencida a vida,
sujeita a vos servir   instituída,
oferecendo tudo   a vosso intento.

Contente deste bem,   louva o momento,
ou hora em que se viu   tão bem perdida;
mil vezes desejando   a tal ferida,
outra vez renovar   seu perdimento.

Com essa pretensão   está segura
a causa que me guia   nesta empresa,
tão estranha, tão doce,   honrosa e alta.

Jurando não seguir   outra ventura,
votando só por vós   rara firmeza,
ou[57] ser no vosso amor   achado em falta.

[57] Na edição de 1668 consta "sem".

146

El vaso reluciente y cristalino,
de Ángeles agua clara y olorosa,
de blanca seda ornado y fresca rosa,
ligado con cabellos de oro fino;

bien claro parecia el don divino
labrado por la mano artificiosa
de aquella blanca Ninfa, graciosa
más que el rubio lucero matutino.

Nel vaso vuestro cuerpo se afigura,
raxado de los blandos miembros bellos,
y en el agua vuestra ánima pura;

la seda es la blancura, e los cabellos
son las prisiones, y la ligadura
con que mi libertad fue asida dellos.

147

Pues lágrimas tratáis, mis ojos tristes,
y en lágrimas pasáis la noche y día,
mirad si es llanto este que os envia
aquella por quien vos tantas vertistes.

Sentid, mis ojos, bien esta que vistes,
y si ella lo es, oh gran ventura mía!
por muy bien empleadas las habria
mil cuentos que por esta sola distes.

Mas una cosa mucho deseada,
aunque se vea cierta; no es creída,
cuanto más esta, que me es enviada.

Pero digo que aunque sea fingida,
que basta que por lágrima sea dada,
porque sea por lágrima tenida.

148

Se a Fortuna inquieta e mal olhada,
que a justa lei do Céu consigo infama,
a vida quieta, que ela mais desama,
me concedera, honesta e repousada;

pudera ser que a Musa, alevantada
com luz de mais ardente e viva flama,
fizera ao Tejo lá na pátria cama
adormecer com som da lira amada.

Porém, pois o destino trabalhoso,
que me escurece a Musa fraca e lassa,
louvor de tanto preço não sustenta;

a vossa de louvar-me pouco escassa,
outro sujeito busque valeroso,
tal qual em vós ao mundo se apresenta.

149

À morte de D. Antônio de Noronha.

Em flor vos arrancou, de então crescida
(Ah! senhor dom Antônio!), a dura sorte,
donde fazendo andava o braço forte
a fama dos Antigos esquecida.

Uma só razão tenho conhecida
com que tamanha mágoa se conforte:
que, pois no mundo havia honrada morte,
que não podíeis ter mais larga a vida.

Se meus humildes versos podem tanto
que com desejo meu se iguale a arte,
especial matéria me sereis.

E, celebrado em triste e longo canto,
se morrestes nas mãos do fero Marte,
na memória das gentes vivereis.

150

À sepultura de D. Fernando de Castro.

Debaixo desta pedra está metido,
das sanguinosas armas descansado,
o capitão ilustre, assinalado,
Dom Fernando de Castro esclarecido.

Por todo o Oriente tão temido,
e da inveja da fama tão cantado,
este, pois, só agora sepultado,
está aqui já em terra convertido.

Alegra-te, ó guerreira Lusitânia
por este Viriato[58] que criaste,
e chora-o, perdido, eternamente.

Exemplo toma nisto de Dardânia;[59]
que, se a Roma com ele aniquilaste,
nem por isso Cartago está contente.

---

[58] Viriato foi um dos líderes lusitanos que lutou contra o poder imperial romano.

[59] Nome latino para a cidade de Troia.

151

A D. Simão da Silveira, em resposta de outro seu, pelos mesmos consoantes, mandando-lhe perguntar quem fora o primeiro Poeta que fizera Sonetos.

De um tão felice engenho, produzido
de outro, que o claro Sol não viu maior,
é trazer cousas altas no sentido,
todas dinas de espanto e de louvor.

Museu[60] foi antiquíssimo escritor,
filósofo e poeta conhecido,
discípulo do Músico amador
que com som teve o Inferno suspendido.

Este pode abalar o monte mudo,
cantando aquele mal, que eu já passei,
do mancebo de Abido[61] mal sisudo.

Agora contam já (segundo achei),
Tasso,[62] e o nosso Boscão,[63] que disse tudo
dos segredos que move o cego Rei.

---

[60] Poeta mítico, discípulo de Orfeu.

[61] Referência a Leandro, morador da cidade de Abido e amante de Hera.

[62] Bernardo Tasso (1493-1569), escritor italiano.

[63] Juan de Boscán, poeta espanhol responsável por introduzir o hendecassílabo na Península Ibérica.

152

Depois que viu Cibele[64] o corpo humano
do fermoso Átis seu verde pinheiro,
em piedade o vão furor primeiro
convertido, chorou seu grave dano.

E, fazendo a sua dor ilustre engano,
a Júpiter pediu que o verdadeiro
preço da nova palma e do loureiro,
ao seu ninheiro desse, soberano.

Mais lhe concede o filho poderoso
que, as estrelas, subindo, tocar possa,
vendo os segredos lá do Céu superno.

Oh! ditoso Pinheiro! Oh! mais ditoso
quem se vir coroar da folha vossa,
cantando à vossa sombra verso eterno!

---

[64] Deusa da mitologia romana e esposa de Saturno. Era apaixonada por Átis e quando soube que ele a traíra, transformou-o em um pinheiro.

153

Resposta do autor a um Soneto, pelos mesmos consoantes.

De tão divino acento e voz humana,
de tão doces palavras peregrinas,
bem sei que minhas obras não são dinas,
que o rudo engenho meu me desengana.

Mas de vossos escritos corre e mana
licor que vence as águas Cabalinas,[65]
e convosco do Tejo as flores finas
farão inveja à cópia Mantuana.

E pois, a vós de si não sendo avaras,
as filhas de Mnemósine[66] fermosa
partes dadas vos tem, ao mundo caras,

a minha Musa e a vossa tão famosa,
ambas posso chamar no mundo raras:
a vossa d'alta, a minha d'envejosa.

---

[65] Fonte das águas cabalinas inspiradoras dos poetas.

[66] Deusa mitológica da memória e mãe das nove musas.

154

Ao segundo conde de Redondo, D. João Coutinho.

Dos ilustres antigos que deixaram
tal nome, que igualou fama à memória,
ficou por luz do tempo a larga história
dos feitos em que mais se assinalaram.

Se se com cousas destes cotejaram
mil vossas, cada uma tão notória,
vencera a menor delas a mor glória
que eles em tantos anos alcançaram.

A glória sua foi; ninguém lha tome.
Seguindo cada um vários caminhos,
estátuas levantando no seu Templo.

Vós, honra portuguesa e dos Coutinhos,
ilustre Dom João, com melhor nome
a vós encheis de glória e a nós de exemplo.

155

Esforço grande, igual ao pensamento;
pensamentos em obras divulgados,
e não em peito tímido encerrados
e desfeitos depois em chuva e vento;

ânimo da cobiça baixa isento,
dino por isso só de altos estados,
fero açoute dos nunca bem domados
povos do Malabar sanguinolento;

gentileza de membros corporais,
ornados de pudica continência,
obra por certo rara de natura:

estas virtudes e outras muitas mais,
dinas todas da Homérica eloquência,
jazem debaixo desta sepultura.

156

— Não passes, caminhante! — Quem me chama?
— Uma memória nova e nunca ouvida,
de um que trocou finita e humana vida,
por divina, infinita e clara fama.

— Quem é que tão gentil louvor derrama?
— Quem derramar seu sangue não duvida
por seguir a bandeira esclarecida
de um capitão de Cristo, que mais ama.

— Ditoso fim, ditoso sacrifício,
que a Deus se fez e ao mundo juntamente,
apregoando direi tão alta sorte.

— Mais poderás contar à toda a gente,
que sempre deu sua vida claro indício
de vir a merecer tão santa morte.

157

No mundo poucos anos, e cansados,
vivi, cheios de vil miséria dura;
foi-me tão cedo a luz do dia escura,
que não vi cinco lustros acabados.

Corri terras e mares apartados,
buscando à vida algum remédio ou cura;
mas aquilo que, enfim, não quer ventura,
não o alcançam trabalhos arriscados.

Criou-me Portugal na verde e cara
pátria minha Alenquer; mas ar corrupto
que neste meu terreno vaso tinha,

me fez manjar de peixes em ti, bruto
mar, que bates na Abássia fera e avara,
tão longe da ditosa pátria minha!

158

— Que levas, cruel Morte? — Um claro dia.
— A que horas o tomaste? — Amanhecendo.
— Entendes o que levas? — Não o entendo.
— Pois quem to faz levar? — Quem o entendia.

— Seu corpo quem o goza? — A terra fria.
— Como ficou sua luz? — Anoitecendo.
— Lusitânia que diz? — Fica dizendo:
Enfim, não mereci Dona Maria.

— Mataste quem a viu? — Já morto estava.
— Que diz o cru Amor? — Falar não ousa.
— E quem o faz calar? — Minha vontade.

— Na corte que ficou? — Saudade brava.
— Que fica lá que ver? — Nenhuma cousa;
mas fica que chorar sua beldade.

159

Chorai, Ninfas, os fados poderosos
daquela soberana fermosura!
Onde foram parar na sepultura
aqueles reais olhos graciosos?

Ó bens do mundo, falsos e enganosos!
Que mágoas para ouvir! Que tal figura
jaza sem resplendor na terra dura,
com tal rosto e cabelos tão fermosos!

Das outras que será, pois poder teve
a morte sobre cousa tanto bela
que ela eclipsava a luz do claro dia?

Mas o mundo não era dino dela,
por isso mais na terra não esteve;
ao Céu subiu, que já [se] lhe devia.

160

À sepultura del-Rei Dom João Terceiro.

— Quem jaz no grão sepulcro, que descreve
tão ilustres sinais no forte escudo?
— Ninguém; que nisso, enfim, se torna tudo;
mas foi quem tudo pôde e tudo teve.

— Foi Rei? — Fez tudo quanto a Rei se deve;
pôs na guerra e na paz devido estudo;
mas quão pesado foi ao Mouro rudo
tanto lhe seja agora a terra leve.

— Alexandre será? — Ninguém se engane;
que sustentar, mais que adquirir se estima.
— Será Adriano, grão senhor do mundo?

— Mais observante foi da Lei de cima.
— É Numa? — Numa, não; mas é Joane:
de Portugal terceiro, sem segundo.

161

Os reinos e os impérios poderosos
que em grandeza no mundo mais cresceram,
ou por valor de esforço floresceram
ou por varões nas letras espantosos.

Teve Grécia Temístocles famosos;
os Scipiões a Roma engrandeceram;
doze pares a França glória deram;
Cides a Espanha, e Laras belicosos.

Ao nosso Portugal (que agora vemos
tão diferente de seu ser primeiro),
os vossos deram honra e liberdade.

E em vós, grão sucessor e novo herdeiro
do bragançāo estado, há mil extremos
iguais ao sangue, e mores que a idade.

162

Ilustre e dino ramo dos Meneses
aos quais o prudente e largo Céu
(que errar não sabe), em dote concedeu
rompesse os Maométicos arneses;

desprezando a Fortuna e seus revezes,
ide para onde o Fado vos moveu;
erguei flamas no mar alto Eritreu
e sereis nova luz aos Portugueses.

Oprimi com tão firme e forte peito
o Pirata insolente, que se espante
e trema Taprobana e Gedrosia.

Dai nova causa à cor do Arabo estreito:
assim que o roxo mar; daqui em diante,
o seja só com sangue de Turquia!

163

A D. Leonis Pereira.

Vós, Ninfas da Gangética espessura,[67]
cantai suavemente, em voz sonora,
um grande Capitão, que a roxa Aurora
dos filhos defendeu da noite escura.

Ajuntou-se a caterva negra e dura,
que na Áurea Quersoneso[68] afouta mora,
para lançar do caro ninho fora
aqueles que mais podem que a ventura.

Mas um forte Leão, com pouca gente,
a multidão tão fera como nécia
destruindo castiga e torna fraca.

Pois, ó Ninfas, cantai! que claramente
mais do que Leônidas fez em Grécia,
o nobre Leonis fez em Malaca!

---

[67] Referência aos bosques localizados à margem do Ganges, Índia.

[68] Antiga colônia grega fundada no século V a.C, localizada nos arredores de Sebastopol, às margens do mar negro.

164

A D. Luís de Ataíde. Vizo-Rei.

Que vençais no Oriente tantos Reis,
que de novo nos deis da Índia o Estado;
que escureceis a fama que ganhado
tinham os que a ganharam a infiéis;

que do tempo tenhais vencido as leis,
que tudo, enfim, vençais com tempo armado,
mais é vencer na pátria, desarmado,
os monstros e as Quimeras que venceis.

E assim, sobre vencerdes tanto imigo,
e por armas fazer que, sem segundo,
vosso nome no mundo ouvido seja,

o que vos dá mais nome inda no mundo,
e vencerdes, Senhor, no Reino amigo,
tantas ingratidões, tão grande inveja!

165

Vós outros, que buscais repouso certo
na vida, com diversos exercícios;
a quem, vendo do mundo os benefícios,
o regimento seu está encoberto;

dedicai, se quereis, ao desconcerto
novas honras e cegos sacrifícios;
que, por castigo igual de antigos vícios,
quer Deus que andem as cousas por acerto.

Não caiu neste modo de castigo
quem pôs culpa à Fortuna, quem somente
crê que acontecimentos há no mundo.

A grande experiência é grão perigo;
mas o que a Deus é justo e evidente
parece injusto aos homens e profundo.

166

Verdade, Amor, Razão, Merecimento,
qualquer alma farão segura e forte;
porém, Fortuna, Caso, Tempo e Sorte,
têm do confuso mundo o regimento.

Efeitos mil revolve o pensamento
e não sabe a que causa se reporte;
mas sabe que o que é mais que vida e morte,
que não o alcança humano entendimento.

Doctos varões darão razões subidas,
mas são experiências mais provadas,
e por isso é melhor ter muito visto.

Cousas há i que passam sem ser cridas
e cousas cridas há sem ser passadas,
mas o melhor de tudo é crer em Cristo.

Apêndice

Contextualização da obra

O Classicismo de Luís Vaz de Camões

Cristina Garófalo Porini[1]

Para ser um homem pleno durante o Renascimento, período marcado pelo antropocentrismo e pela redescoberta dos valores defendidos durante a Antiguidade Clássica, o indivíduo precisava manifestar três características: aventurar-se, cruzando os até então "mares nunca dantes navegados",[2] lutar em batalhas, defendendo sua Coroa; ser um artista polivalente, compondo músicas e poesias. Tal valorização, posicionando o homem como o centro do universo, espalhou-se a partir da Itália, na região da Toscana, durante o século XIII, e chegou a Portugal nos idos do século XV, sendo Luís Vaz de Camões seu grande expoente.

Em 1415, Portugal iniciou uma façanha inédita ao conquistar Ceuta — um importante interposto comercial situado no estratégico Estreito de Gibraltar, na África. A partir desse momento, a Coroa lusitana estendeu seus domínios ao longo da Europa, África, Ásia e América, tornando-se o primeiro império global da história. Nada mais natural, portanto, que os portugueses mantivessem estreito contato com o Renascimento.

Além da Mitologia clássica (daí o nome do estilo literário, Classicismo), os renascentistas prezavam, acima de

---

[1] Graduada em Letras pela Universidade de São Paulo e em Relações Públicas pela Faculdade de Comunicação Social Cásper Líbero, professora de Língua Portuguesa, Literatura e Redação para o ensino médio na rede particular de ensino e em cursos pré-vestibulares, redatora e revisora de textos.

[2] CAMÕES, L. V. de. **Os Lusíadas**. São Paulo: Matin Claret, 2007. p.25.

qualquer valor, pelo Racionalismo. Considerando a razão como guia, produziram obras reconhecidas até os dias atuais por comedimento de expressão, além de simetria e harmonia nos detalhes, em uma contínua busca por conceitos como Perfeição e Beleza — o uso da letra maiúscula é alegorizante, indicando a preocupação em se atingir seu conceito, sua concepção ideal. O conceito de verossimilhança também está relacionado ao Racionalismo: a arte deveria se apropriar da natureza, aproximar-se dela e tentar imitá-la, uma vez considerada fonte da verdade.

Percebe-se, então, que o artista renascentista era um verdadeiro intelectual, preocupando-se com a forma e com o conteúdo de suas obras. Petrarca, ao lado de Michelângelo (arquiteto, escultor, pintor e poeta italiano), Leonardo Da Vinci (anatomista, arquiteto, botânico, cientista, engenheiro, escultor, inventor, matemático, músico, pintor e poeta italiano, Miguel de Cervantes (romancista, dramaturgo e poeta castelhano) e William Shakespeare (poeta e dramaturgo inglês), foi uma dessas ilustres figuras. Nascido na Itália, dedicou-se à Filosofia e à Literatura, de modo que seus versos à Laura, sua amada cujo sentimento não era correspondido, foram responsáveis por situá-lo entre os grandes nomes daquela época, criadores do *dolce stil nuovo*. Afastando-se da poesia de cunho popular praticada até então, esse novo estilo de composição poética foi marcado por apuro tanto na forma quanto no conteúdo: quanto à primeira, a chamada "medida nova", versos com dez sílabas poéticas, suplantou o uso das redondilhas; quanto ao segundo, recorreram ao Neoplatonismo, uma reelaboração dos pensamentos de Platão, filósofo grego do século I a.C. Entre os conceitos revistos, persistiram o dualismo entre o mundo das ideias e o sensível (o primeiro seria formado pelas ideias, pela essência dos conceitos de Beleza, Verdade, Bem, portanto seria perfeito; o segundo, o mundo concreto onde a humanidade se encontra, seria formado por cópias do primeiro, portanto fadado à imperfeição), assim como a teoria da reminiscência (o ser humano, dotado de corpo e alma, traria para a vida no mundo sensível lembranças da perfeição existente apenas no mundo das ideias; a vida no mundo sensível seria, portanto, um aprendizado em busca de tal perfeição).

Assim que Portugal se estabeleceu como potência comercial, o intercâmbio com as demais nações europeias se tornou constante. Contudo, a presença do Tribunal do Santo Ofício, expediente da Igreja Católica responsável por inquirir heresias, impediu o pleno desenvolvimento do Classicismo em solo lusitano, principalmente em função do caráter antropocêntrico do estilo literário, em nítida oposição ao pensamento teocêntrico. Consequentemente, não há dúvidas de que artistas renascentistas principalmente da Península Ibérica tiveram sua produção acompanhada de perto pelos inquisitores — em *Os Lusíadas*, o parecer do Frei Bartolomeu Ferreira destaca a presença de Musas como algo que "não pretenda mais que ornar o estilo poético",[3] por se tratar de ficção.

Mesmo com os setores conservadores da sociedade refreando a liberdade de pensamento, o poeta português Francisco de Sá de Miranda, retornando de uma viagem à Itália, marcou de forma decisiva o início do Classicismo no país. Além do soneto decassílabo, introduziu as composições em tercetos e oitavas, canções e sextinas, além de se dedicar ao teatro — toda essa produção fez do artista alguém de grande prestígio na corte local.

Conforme a história da Literatura estabeleceu ao longo dos séculos, porém, não foi Sá de Miranda quem alcançou êxito na produção classicista. Luís Vaz de Camões, considerado até hoje o primeiro da tríade de sonetistas em Língua Portuguesa (composta também pelo poeta árcade Bocage e pelo realista Antero de Quental), foi o português que mais se aproximou do homem ideal do Renascimento: aventureiro viajante, esteve em territórios africano e asiático; soldado, lutou contra os mouros em Ceuta — ocasião em que, ferido em um dos olhos, perdeu parcialmente a visão; exímio homem das Letras, compôs toda qualidade de textos possível para a época.

---

[3] CAMÕES, L. V. de. **Os Lusíadas**. São Paulo: Martin Claret, 2007. p. 24.

Por influência de obras clássicas como *Odisseia* e *Ilíada*, de Homero, e *Eneida*, de Virgílio, impreterivelmente o gênero épico precisaria se fazer presente em Portugal e exaltar a maior potência mundial do século XVI. Camões compôs *Os Lusíadas*, obra magistral da Língua Portuguesa, contando com 8.816 versos decassílabos divididos em 1.102 oitavas, um tipo de estrofe composta por oito versos, cuja rima se dá no esquema ABABABCC; nela, o poeta demonstrou o exímio trato tanto com as palavras como com o conteúdo, ao narrar os feitos de sua nação ao longo de seus então 400 anos.

Já em relação ao gênero lírico, também praticado por gregos e romanos, Camões compôs textos tanto de influência medieval quanto de influência renascentista; os primeiros foram as esparsas, poesia composta por versos hexassílabos; os vilancetes, mote glosado de até três versos, e as cantigas, mote glosado a partir de quatro versos por estrofe (vale lembrar que 'mote glosado' é uma composição que parte de um motivo — daí a palavra 'mote' — a ser desenvolvido de maneira que os últimos dois versos de cada estrofe sejam exatamente os do mote). Já os textos de influência renascentista foram os sonetos, composições de 14 versos decassílabos, divididos em dois quartetos e dois tercetos, com esquema de rima interpolada ou intercalada, de modo que seu conteúdo seja introduzido no primeiro quarteto, desenvolvido ao longo das duas próximas estrofes, e concluído no último terceto.

Tal forma fixa, consagrada pela pena de Petrarca, encontrou em Camões um notório compositor — mesmo que o Classicismo já estivesse alcançando seu fim nas demais nações europeias. A obra do poeta lusitano é bastante numerosa e, quanto à temática, aborda as questões amorosa, filosófica e religiosa; estas foram desenvolvidas em sonetos ora com racionalismo e contenção, conforme os parâmetros renascentistas, ora com subjetividade e certo conflito do eu lírico, já denunciando a presença do Maneirismo, próprio ao estilo Barroco; de qualquer modo, para elaboração da obra, muitas vezes partiu do princípio de *imitatio*. Vale destacar que não havia, naquele momento, a preocupação contemporânea com o ineditismo de uma composição artística, mas com a busca por sua Perfeição; com tal pensamento orientando o trabalho, o artista partia de um modelo e buscava alcançar a forma perfeita. Um bom exemplo[4] é o soneto camoniano "Sete anos de pastor Jacó servia": Petrarca baseou-se no "Gênesis" da Bíblia Sagrada a história envolvendo Jacó, Lia e Raquel para, em seguida, escrever uma canção em cuja última estrofe se lê:

Per Rachel ho servito, e non per Lia;
né con altra saprei
viver; e sosterrei,
quando 'l ciel ne rappella,
girmen, con ella, in sul carro Elia.[5]

Em seguida, Camões empregou o princípio de *imitatio*, ou seja, partiu de um modelo anterior, acrescentando-lhe informações e alterando-lhe o final, opondo a poligamia do Antigo Testamento pela monogamia então defendida pela Igreja Católica, sempre tendo como objetivo a busca pela perfeição formal e conteudista. Foi dessa maneira que "Sete anos de pastor Jacó servia" tornou-se imortal na Língua Portuguesa.

Além da lírica religiosa, Camões também dedicou-se ao tema do Amor, seja relacionando-o à Filosofia, seja relacionando-o à mulher amada. Uma tentativa de explicar o sentimento, numa atitude nitidamente racional, foi "Amor é fogo que arde sem se ver"; Camões também buscou na Bíblia Sagrada material para exercer o *imitatio*. Dessa vez, a "Primeira Carta de Paulo aos Coríntios", 13, 1-13, foi a inspiração, e até os dias de hoje o soneto é celebrado, principalmente ao ser transformado na canção "Monte Castelo", em 1989, pelo grupo de rock brasileiro Legião Urbana. Quanto

---

[4] Citado por MOISÉS, M. **A literatura portuguesa através dos textos**. São Paulo: Cultrix, 1985.

[5] *Le rime de Francesco Petrarca con l'interpretazione di Giacomo Leopardi*. Firenze: per David Passigli tipografo-editore, 1839.p.813. Disponível em http: books.google.com.br, acesso em 15 de dezembro de 2012.

à presença da mulher amada nos sonetos, é impossível não mencionar Dinamene, aquela que, segundo biógrafos, seria a companheira de Camões durante sua estadia na China; ela teria morrido em um naufrágio e, a partir daí, teria se tornado a musa do poeta em sonetos como "Ah! Minha Dinamene, assim deixaste", "Quando de minhas mágoas a comprida" e o constantemente mencionado "Alma minha gentil, que te partiste". Em todas essas composições, é interessante notar o conflito entre a necessária contenção emocional defendida pelos renascentistas e a subjetividade relacionada aos mais fortes sentimentos de perda da mulher amada — tal postura maneirista, bastante presente na obra camoniana, demonstra como o Renascimento já estava caminhando para o seu fim.

Camões, ao longo da leitura de Sonetos, ainda hoje oferece aos leitores o que de melhor foi produzido artisticamente enquanto Portugal era a mais importante nação do globo terrestre. Em suas composições, percebe-se a destreza do intelectual que era: simultaneamente à lida com os exigentes parâmetros formais, ele se preocupava em desenvolver sua poesia, voltando-se aos preceitos clássicos gregos e romanos, além de não despertar qualquer reação do Tribunal do Santo Ofício — sem dúvida oposto à ideologia renascentista. Tal paradoxo imposto à poesia camoniana é uma interessante forma de abordagem para a leitura de tão complexa obra.

Sobre Luís Vaz de Camões

Jean Pierre Chauvin

Luís Vaz de Camões (1524-1580) não só reproduziu o estilo clássico dos escritores greco-latinos da Antiguidade — Homero, Horácio, Virgílio, entre outros —; também deu continuidade aos temas líricos do poeta medieval Francesco Petrarca (1304-1374).

A produção mais conhecida de Camões está em suas redondilhas (breves poemas com temas variados, em que cada verso tinha cinco ou sete sílabas métricas); nos sonetos (todos com dez sílabas métricas) e na poesia épica (*Os Lusíadas*, 1572, com seus dez cantos e mais de mil versos).

Muitos estudiosos da obra camoniana veem sua poesia também como registro fiel da passagem do mundo medieval para a Era Moderna, especialmente devido ao teor predominantemente reflexivo e questionador de seus versos.

Apesar da sua inquestionável importância para a literatura portuguesa, pouco se sabe sobre a sua vida. Tudo indica que tenha nascido em Lisboa, numa família da pequena nobreza, e recebido uma educação nos moldes clássicos. Teria frequentado a corte de Dom João III, vivido diversos amores com mulheres nobres e também plebeias, se alistado como militar na África (onde teria perdido um olho em uma batalha) e viajado para o Oriente, o que o teria inspirado a escrever *Os Lusíadas*.

A morte do poeta, praticamente em miséria material, após servir fielmente as forças de seu país durante boa parte de sua vida, coincide com o ano em que Portugal passou para o domínio da Espanha (1580).

Questionário*

1. Por que se pode afirmar que Luís Vaz de Camões reúne tanto traços da Era Medieval quanto do período chamado Barroco (século XVII), sendo ele o poeta máximo do Classicismo (século XVI) português?

2. Localize o tópico *desconcerto do mundo* em alguns sonetos de Camões.

---

* Para que o professor possa trabalhar o questionário com os alunos em sala de aula, não publicamos, aqui, o gabarito das questões. No entanto, pode-se obtê-lo entrando em contato conosco pelo telefone: (11) 3672 8144. Disponibilizamos o gabarito apenas para professores.

3. Por que Camões seguia modelos literários de outros momentos históricos (Antiguidade e Idade Média)?

4. De que modo o poeta Camões organizava as rimas em seus poemas?

5. De acordo com a leitura dos versos de Luís Vaz de Camões, pode-se afirmar que o poeta encontrou soluções para as contradições entre a razão e a sensibilidade?

Questões de vestibular

1. (Fuvest) Na *lírica* de Camões:

a) a mulher é vista em seus aspectos físicos, despojada de espiritualidade.
b) encontra-se uma fonte de inspiração de muitos poetas brasileiros do século XX.
c) cantar a pátria é o centro das preocupações.
d) encontram-se sonetos, odes, sátiras e autos.
e) o verso usado para a composição dos sonetos é o redondilho maior.

2. (Fuvest)

"Amor é um fogo que arde sem se ver,
É ferida que dói e não se sente;
É um contentamento descontente,
É dor que desatina sem doer."

De poeta muito conhecido, esta é a primeira estrofe de um poema que parece comprazer-se com o paradoxo, enfeixando sensações contraditórias do sentimento humano, se examinadas sob o prisma da razão. Indique, na relação a seguir, o nome do autor.

a) Bocage.
b) Camilo Pessanha.
c) Gil Vicente.
d) Luís de Camões.
e) Manuel Bandeira.

3. (Fuvest - adaptado) Poemas com dois quartetos e dois tercetos; versos decassílabos heróicos e esquema rimático abba - abba - cde - cde. Levando-se em conta a elaboração estética da linguagem com que é tratado o tema lírico, assinalar a alternativa que nomeia que tipo de poema é, o seu autor e o movimento literário em que este se enquadra:

a) redondilha — Gil Vicente — Humanismo.
b) soneto — Camões — Classicismo.
c) soneto — Gregório de Matos — Barroco.
d) lira — Cláudio Manuel da Costa — Arcadismo.
e) lira — Camões — Maneirismo.

4. (UFRS) O soneto é uma das formas poéticas mais tradicionais e difundidas nas literaturas ocidentais e expressa, quase sempre, conteúdo:

a) dramático.
b) satírico.
c) lírico.
d) épico.
e) cronístico.

Gabarito

1. b
2. d
3. b
4. c

Para saber mais

HANSEN, J. A. Autor. In: JOBIM, José Luís (Org.). **Palavras da crítica**. Rio de Janeiro: Imago, 1992.

LUFT, C. P. **Dicionário de literatura portuguesa e brasileira**. 2ª ed. Porto Alegre: Globo, 1979.

MOISÉS, M. **A literatura portuguesa através dos textos**. 13ª ed. São Paulo: Cultrix, 1983.

_____. **Dicionário de termos literários**. 11ª ed. São Paulo: Cultrix, 2002.

PLATÃO. **Diálogos**. Trad. Jaime Bruna. São Paulo: Cultrix, 1968.

SARAIVA, A. J. **História da literatura portuguesa**. 12ª ed. Póvoa do Varzim (Portugal), 1974.

TORRALVO, I. F.; MINCHILLO, C. C. Introdução. In: **Sonetos de Camões**. Cotia (SP): Ateliê, 1998.

Relação dos Volumes Publicados

1. Dom Casmurro
Machado de Assis
2. O Príncipe
Maquiavel
3. Mensagem
Fernando Pessoa
4. O Lobo do Mar
Jack London
5. A Arte da Prudência
Baltasar Gracián
6. Iracema / Cinco Minutos
José de Alencar
7. Inocência
Visconde de Taunay
8. A Mulher de 30 Anos
Honoré de Balzac
9. A Moreninha
Joaquim Manuel de Macedo
10. A Escrava Isaura
Bernardo Guimarães
11. As Viagens - "Il Milione"
Marco Polo
12. O Retrato de Dorian Gray
Oscar Wilde
13. A Volta ao Mundo em 80 Dias
Júlio Verne
14. A Carne
Júlio Ribeiro
15. Amor de Perdição
Camilo Castelo Branco
16. Sonetos
Luís de Camões
17. O Guarani
José de Alencar
18. Memórias Póstumas de Brás Cubas
Machado de Assis
19. Lira dos Vinte Anos
Álvares de Azevedo
20. Apologia de Sócrates / Banquete
Platão
21. A Metamorfose/Um Artista da Fome/Carta ao Pai
Franz Kafka
22. Assim Falou Zaratustra
Friedrich Nietzsche
23. Triste Fim de Policarpo Quaresma
Lima Barreto
24. A Ilustre Casa de Ramires
Eça de Queirós
25. Memórias de um Sargento de Milícias
Manuel Antônio de Almeida
26. Robinson Crusoé
Daniel Defoe
27. Espumas Flutuantes
Castro Alves
28. O Ateneu
Raul Pompeia
29. O Noviço / O Juiz de Paz da Roça / Quem Casa Quer Casa
Martins Pena
30. A Relíquia
Eça de Queirós
31. O Jogador
Dostoiévski
32. Histórias Extraordinárias
Edgar Allan Poe
33. Os Lusíadas
Luís de Camões
34. As Aventuras de Tom Sawyer
Mark Twain
35. Bola de Sebo e Outros Contos
Guy de Maupassant
36. A República
Platão
37. Elogio da Loucura
Erasmo de Rotterdam
38. Caninos Brancos
Jack London
39. Hamlet
William Shakespeare
40. A Utopia
Thomas More
41. O Processo
Franz Kafka
42. O Médico e o Monstro
Robert Louis Stevenson
43. Ecce Homo
Friedrich Nietzsche
44. O Manifesto do Partido Comunista
Marx e Engels
45. Discurso do Método / Regras para a Direção do Espírito
René Descartes
46. Do Contrato Social
Jean-Jacques Rousseau
47. A Luta pelo Direito
Rudolf von Ihering
48. Dos Delitos e das Penas
Cesare Beccaria
49. A Ética Protestante e o Espírito do Capitalismo
Max Weber
50. O Anticristo
Friedrich Nietzsche
51. Os Sofrimentos do Jovem Werther
Goethe
52. As Flores do Mal
Charles Baudelaire
53. Ética a Nicômaco
Aristóteles
54. A Arte da Guerra
Sun Tzu
55. Imitação de Cristo
Tomás de Kempis
56. Cândido ou o Otimismo
Voltaire
57. Rei Lear
William Shakespeare
58. Frankenstein
Mary Shelley
59. Quincas Borba
Machado de Assis
60. Fedro
Platão
61. Política
Aristóteles
62. A Viuvinha / Encarnação
José de Alencar
63. As Regras do Método Sociológico
Émile Durkheim
64. O Cão dos Baskervilles
Sir Arthur Conan Doyle
65. Contos Escolhidos
Machado de Assis
66. Da Morte / Metafísica do Amor / Do Sofrimento do Mundo
Arthur Schopenhauer
67. As Minas do Rei Salomão
Henry Rider Haggard
68. Manuscritos Econômico-Filosóficos
Karl Marx
69. Um Estudo em Vermelho
Sir Arthur Conan Doyle
70. Meditações
Marco Aurélio
71. A Vida das Abelhas
Maurice Materlinck
72. O Cortiço
Aluísio Azevedo
73. Senhora
José de Alencar
74. Brás, Bexiga e Barra Funda / Laranja da China
Antônio de Alcântara Machado
75. Eugênia Grandet
Honoré de Balzac
76. Contos Gauchescos
João Simões Lopes Neto
77. Esaú e Jacó
Machado de Assis
78. O Desespero Humano
Sören Kierkegaard
79. Dos Deveres
Cícero
80. Ciência e Política
Max Weber
81. Satíricon
Petrônio
82. Eu e Outras Poesias
Augusto dos Anjos
83. Farsa de Inês Pereira / Auto da Barca do Inferno / Auto da Alma
Gil Vicente
84. A Desobediência Civil e Outros Escritos
Henry David Toreau
85. Para Além do Bem e do Mal
Friedrich Nietzsche
86. A Ilha do Tesouro
R. Louis Stevenson
87. Marília de Dirceu
Tomás A. Gonzaga
88. As Aventuras de Pinóquio
Carlo Collodi
89. Segundo Tratado Sobre o Governo
John Locke
90. Amor de Salvação
Camilo Castelo Branco
91. Broquéis/Faróis/Últimos Sonetos
Cruz e Souza
92. I-Juca-Pirama / Os Timbiras / Outros Poemas
Gonçalves Dias
93. Romeu e Julieta
William Shakespeare
94. A Capital Federal
Arthur Azevedo
95. Diário de um Sedutor
Sören Kierkegaard
96. Carta de Pero Vaz de Caminha a El-Rei Sobre o Achamento do Brasil
97. Casa de Pensão
Aluísio Azevedo
98. Macbeth
William Shakespeare

99. Édipo Rei/Antígona
Sófocles

100. Lucíola
José de Alencar

101. As Aventuras de Sherlock Holmes
Sir Arthur Conan Doyle

102. Bom-Crioulo
Adolfo Caminha

103. Helena
Machado de Assis

104. Poemas Satíricos
Gregório de Matos

105. Escritos Políticos / A Arte da Guerra
Maquiavel

106. Ubirajara
José de Alencar

107. Diva
José de Alencar

108. Eurico, o Presbítero
Alexandre Herculano

109. Os Melhores Contos
Lima Barreto

110. A Luneta Mágica
Joaquim Manuel de Macedo

111. Fundamentação da Metafísica dos Costumes e Outros Escritos
Immanuel Kant

112. O Príncipe e o Mendigo
Mark Twain

113. O Domínio de Si Mesmo Pela Auto-Sugestão Consciente
Émile Coué

114. O Mulato
Aluísio Azevedo

115. Sonetos
Florbela Espanca

116. Uma Estadia no Inferno / Poemas / Carta do Vidente
Arthur Rimbaud

117. Várias Histórias
Machado de Assis

118. Fédon
Platão

119. Poesias
Olavo Bilac

120. A Conduta para a Vida
Ralph Waldo Emerson

121. O Livro Vermelho
Mao Tsé-Tung

122. Oração aos Moços
Rui Barbosa

123. Otelo, o Mouro de Veneza
William Shakespeare

124. Ensaios
Ralph Waldo Emerson

125. De Profundis / Balada do Cárcere de Reading
Oscar Wilde

126. Crítica da Razão Prática
Immanuel Kant

127. A Arte de Amar
Ovídio Naso

128. O Tartufo ou O Impostor
Molière

129. Metamorfoses
Ovídio Naso

130. A Gaia Ciência
Friedrich Nietzsche

131. O Doente Imaginário
Molière

132. Uma Lágrima de Mulher
Aluísio Azevedo

133. O Último Adeus de Sherlock Holmes
Sir Arthur Conan Doyle

134. Canudos - Diário de Uma Expedição
Euclides da Cunha

135. A Doutrina de Buda
Siddharta Gautama

136. Tao Te Ching
Lao-Tsé

137. Da Monarquia / Vida Nova
Dante Alighieri

138. A Brasileira de Prazins
Camilo Castelo Branco

139. O Velho da Horta/Quem Tem Farelos?/Auto da Índia
Gil Vicente

140. O Seminarista
Bernardo Guimarães

141. O Alienista / Casa Velha
Machado de Assis

142. Sonetos
Manuel du Bocage

143. O Mandarim
Eça de Queirós

144. Noite na Taverna / Macário
Álvares de Azevedo

145. Viagens na Minha Terra
Almeida Garrett

146. Sermões Escolhidos
Padre Antonio Vieira

147. Os Escravos
Castro Alves

148. O Demônio Familiar
José de Alencar

149. A Mandrágora / Belfagor, o Arquidiabo
Maquiavel

150. O Homem
Aluísio Azevedo

151. Arte Poética
Aristóteles

152. A Megera Domada
William Shakespeare

153. Alceste/Electra/Hipólito
Eurípedes

154. O Sermão da Montanha
Huberto Rohden

155. O Cabeleira
Franklin Távora

156. Rubáiyát
Omar Khayyám

157. Luzia-Homem
Domingos Olímpio

158. A Cidade e as Serras
Eça de Queirós

159. A Retirada da Laguna
Visconde de Taunay

160. A Viagem ao Centro da Terra
Júlio Verne

161. Caramuru
Frei Santa Rita Durão

162. Clara dos Anjos
Lima Barreto

163. Memorial de Aires
Machado de Assis

164. Bhagavad Gita
Krishna

165. O Profeta
Khalil Gibran

166. Aforismos
Hipócrates

167. Kama Sutra
Vatsyayana

168. Histórias de Mowgli
Rudyard Kipling

169. De Alma para Alma
Huberto Rohden

170. Orações
Cícero

171. Sabedoria das Parábolas
Huberto Rohden

172. Salomé
Oscar Wilde

173. Do Cidadão
Thomas Hobbes

174. Porque Sofremos
Huberto Rohden

175. Einstein: o Enigma do Universo
Huberto Rohden

176. A Mensagem Viva do Cristo
Huberto Rohden

177. Mahatma Gandhi
Huberto Rohden

178. A Cidade do Sol
Tommaso Campanella

179. Setas para o Infinito
Huberto Rohden

180. A Voz do Silêncio
Helena Blavatsky

181. Frei Luís de Sousa
Almeida Garrett

182. Fábulas
Esopo

183. Cântico de Natal/ Os Carrilhões
Charles Dickens

184. Contos
Eça de Queirós

185. O Pai Goriot
Honoré de Balzac

186. Noites Brancas e Outras Histórias
Dostoiévski

187. Minha Formação
Joaquim Nabuco

188. Pragmatismo
William James

189. Discursos Forenses
Enrico Ferri

190. Medeia
Eurípedes

191. Discursos de Acusação
Enrico Ferri

192. A Ideologia Alemã
Marx & Engels

193. Prometeu Acorrentado
Ésquilo

194. Iaiá Garcia
Machado de Assis

195. Discursos no Instituto dos Advogados Brasileiros / Discurso no Colégio Anchieta
Rui Barbosa

196. Édipo em Colono
Sófocles

197. A Arte de Curar pelo Espírito
Joel S. Goldsmith

198. Jesus, o Filho do Homem
Khalil Gibran

199. Discurso sobre a Origem e os Fundamentos da Desigual-dade entre os Homens
Jean-Jacques Rousseau

200. Fábulas
La Fontaine

201. O Sonho de uma Noite de Verão
William Shakespeare

202. Maquiavel, o Poder
José Nivaldo Junior

203. Ressurreição
Machado de Assis

204. O Caminho da Felicidade
Huberto Rohden

205. A Velhice do Padre Eterno
Guerra Junqueiro

206. O Sertanejo
José de Alencar

207. Gitanjali
Rabindranath Tagore

208. Senso Comum
Thomas Paine

209. Canaã
Graça Aranha

210. O Caminho Infinito
Joel S. Goldsmith

211. Pensamentos
Epicuro

212. A Letra Escarlate
Nathaniel Hawthorne

213. Autobiografia
Benjamin Franklin

214. Memórias de Sherlock Holmes
Sir Arthur Conan Doyle

215. O Dever do Advogado / Posse de Direitos Pessoais
Rui Barbosa

216. O Tronco do Ipê
José de Alencar

217. O Amante de Lady Chatterley
D. H. Lawrence

218. Contos Amazônicos
Inglês de Souza

219. A Tempestade
William Shakespeare

220. Ondas
Euclides da Cunha

221. Educação do Homem Integral
Huberto Rohden

222. Novos Rumos para a Educação
Huberto Rohden

223. Mulherzinhas
Louise May Alcott

224. A Mão e a Luva
Machado de Assis

225. A Morte de Ivan Ilicht / Senhores e Servos
Leon Tolstói

226. Álcoois e Outros Poemas
Apollinaire

227. Pais e Filhos
Ivan Turguêniev

228. Alice no País das Maravilhas
Lewis Carroll

229. À Margem da História
Euclides da Cunha

230. Viagem ao Brasil
Hans Staden

231. O Quinto Evangelho
Tomé

232. Lorde Jim
Joseph Conrad

233. Cartas Chilenas
Tomás Antônio Gonzaga

234. Odes Modernas
Anntero de Quental

235. Do Cativeiro Babilônico da Igreja
Martinho Lutero

236. O Coração das Trevas
Joseph Conrad

237. Thais
Anatole France

238. Andrômaca / Fedra
Racine

239. As Catilinárias
Cícero

240. Recordações da Casa dos Mortos
Dostoiévski

241. O Mercador de Veneza
William Shakespeare

242. A Filha do Capitão / A Dama de Espadas
Aleksandr Púchkin

243. Orgulho e Preconceito
Jane Austen

244. A Volta do Parafuso
Henry James

245. O Gaúcho
José de Alencar

246. Tristão e Isolda
Lenda Medieval Celta de Amor

247. Poemas Completos de Alberto Caeiro
Fernando Pessoa

248. Maiakósvski
Vida e Poesia

249. Sonetos
William Shakespeare

250. Poesia de Ricardo Reis
Fernando Pessoa

251. Papéis Avulsos
Machado de Assis

252. Contos Fluminenses
Machado de Assis

253. O Bobo
Alexandre Herculano

254. A Oração da Coroa
Demóstenes

255. O Castelo
Franz Kafka

256. O Trovejar do Silêncio
Joel S. Goldsmith

257. Alice na Casa dos Espelhos
Lewis Carrol

258. Miséria da Filosofia
Karl Marx

259. Júlio César
William Shakespeare

260. Antônio e Cleópatra
William Shakespeare

261. Filosofia da Arte
Huberto Rohden

262. A Alma Encantadora das Ruas
João do Rio

263. A Normalista
Adolfo Caminha

264. Pollyanna
Eleanor H. Porter

265. As Pupilas do Senhor Reitor
Júlio Diniz

266. As Primaveras
Casimiro de Abreu

267. Fundamentos do Direito
Léon Duguit

268. Discursos de Metafísica
G. W. Leibniz

269. Sociologia e Filosofiia
Émile Durkheim

270. Cancioneiro
Fernando Pessoa

271. A Dama das Camélias
Alexandre Dumas (filho)

272. O Divórcio / As Bases da Fé / e outros textos
Rui Barbosa

273. Pollyanna Moça
Eleanor H. Porter

274. O 18 Brumário de Luís Bonaparte
Karl Marx

275. Teatro de Machado de Assis
Antologia

276. Cartas Persas
Montesquieu

277. Em Comunhão com Deus
Huberto Rohden

278. Razão e Sensibilidade
Jane Austen

279. Crônicas Selecionadas
Machado de Assis

280. Histórias da Meia-Noite
Machado de Assis

281. Cyrano de Bergerac
Edmond Rostand

282. O Maravilhoso Mágico de Oz
L. Frank Baum

283. Trocando Olhares
Florbela Espanca

284. O Pensamento Filosófico da Antiguidade
Huberto Rohden

285. Filosofia Contemporânea
Huberto Rohden

286. O Espírito da Filosofia Oriental
Huberto Rohden

287. A Pele do Lobo / O Badejo / o Dote
Artur Azevedo

288. Os Bruzundangas
Lima Barreto

289. A Pata da Gazela
José de Alencar

290. O Vale do Terror
Sir Arthur Conan Doyle

291. O Signo dos Quatro
Sir Arthur Conan Doyle

292. As Máscaras do Destino
Florbela Espanca

293. A Confissão de Lúcio
Mário de Sá-Carneiro

294. Falenas
Machado de Assis

295. O Uraguai / A Declamação Trágica
Basílio da Gama

296. Crisálidas
Machado de Assis

297. Americanas
Machado de Assis

298. A Carteira de Meu Tio
Joaquim Manuel de Macedo

299. Catecismo da Filosofia
Huberto Rohden

300. Apologia de Sócrates
Platão (Edição bilingue)

301. Rumo à Consciência Cósmica
Huberto Rohden

302. Cosmoterapia
Huberto Rohden

303. Bodas de Sangue
Federico García Lorca

304. Discurso da Servidão Voluntária
Étienne de La Boétie

305. Categorias
Aristóteles

306. Manon Lescaut
Abade Prévost

307. Teogonia / Trabalho e Dias
Hesíodo

308. As Vítimas-Algozes
Joaquim Manuel de Macedo

309. Persuasão
Jane Austen

310. Agostinho - Huberto Rohden

311. Roteiro Cósmico
Huberto Rohden

312. A Queda dum Anjo
Camilo Castelo Branco

313. O Cristo Cósmico e os Essênios - Huberto Rohden

314. Metafísica do Cristianismo
Huberto Rohden

315. Rei Édipo - Sófocles

316. Livro dos provérbios
Salomão

317. Histórias de Horror
Howard Phillips Lovecraft

318. O Ladrão de Casaca
Maurice Leblanc

319. Til
José de Alencar

Série Ouro
(Livros com mais de 400 p.)

1. Leviatã
Thomas Hobbes

2. A Cidade Antiga
Fustel de Coulanges

3. Crítica da Razão Pura
Immanuel Kant

4. Confissões
Santo Agostinho

5. Os Sertões
Euclides da Cunha

6. Dicionário Filosófico
Voltaire

7. A Divina Comédia
Dante Alighieri

8. Ética Demonstrada à Maneira dos Geômetras
Baruch de Spinoza

9. Do Espírito das Leis
Montesquieu

10. O Primo Basílio
Eça de Queirós

11. O Crime do Padre Amaro
Eça de Queirós

12. Crime e Castigo
Dostoiévski

13. Fausto
Goethe

14. O Suicídio
Émile Durkheim

15. Odisseia
Homero

16. Paraíso Perdido
John Milton

17. Drácula
Bram Stoker

18. Ilíada
Homero

19. As Aventuras de Huckleberry Finn
Mark Twain

20. Paulo – O 13º Apóstolo
Ernest Renan

21. Eneida
Virgílio

22. Pensamentos
Blaise Pascal

23. A Origem das Espécies
Charles Darwin

24. Vida de Jesus
Ernest Renan

25. Moby Dick
Herman Melville

26. Os Irmãos Karamazovi
Dostoiévski

27. O Morro dos Ventos Uivantes
Emily Brontë

28. Vinte Mil Léguas Submarinas
Júlio Verne

29. Madame Bovary
Gustave Flaubert

30. O Vermelho e o Negro
Stendhal

31. Os Trabalhadores do Mar
Victor Hugo

32. A Vida dos Doze Césares
Suetônio

33. O Moço Loiro
Joaquim Manuel de Macedo

34. O Idiota
Dostoiévski

35. Paulo de Tarso
Huberto Rohden

36. O Peregrino
John Bunyan

37. As Profecias
Nostradamus

38. Novo Testamento
Huberto Rohden

39. O Corcunda de Notre Dame
Victor Hugo

40. Arte de Furtar
Anônimo do século XVII

41. Germinal
Émile Zola

42. Folhas de Relva
Walt Whitman

43. Ben-Hur — Uma História dos Tempos de Cristo
Lew Wallace

44. Os Maias
Eça de Queirós

45. O Livro da Mitologia
Thomas Bulfinch

46. Os Três Mosqueteiros
Alexandre Dumas

47. Poesia de Álvaro de Campos
Fernando Pessoa

48. Jesus Nazareno
Huberto Rohden

49. Grandes Esperanças
Charles Dickens

50. A Educação Sentimental
Gustave Flaubert

51. O Conde de Monte Cristo (Volume I)
Alexandre Dumas

52. O Conde de Monte Cristo (Volume II)
Alexandre Dumas

53. Os Miseráveis (Volume I)
Victor Hugo

54. Os Miseráveis (Volume II)
Victor Hugo

55. Dom Quixote de La Mancha (Volume I)
Miguel de Cervantes

56. Dom Quixote de La Mancha (Volume II)
Miguel de Cervantes

57. As Confissões
Jean-Jacques Rousseau

58. Contos Escolhidos
Artur Azevedo

59. As Aventuras de Robin Hood
Howard Pyle

60. Mansfield Park
Jane Austen